Descubre y Abraza

# EL PROPÓSITO
# DE TU VIDA

## Paul Peters

**ELEVATE
PRESS**

Para más información sobre Paul Peters y recursos adicionales para *Descubre y Abraza el Propósito de tu Vida*, escanea el código QR que aparece a continuación.

# ÍNDICE

# PREFACIO

La idea de este libro surgió a lo largo de muchos años de buscar la verdad y del descubrimiento de principios que me he esforzado por aplicar a mi propia vida. Al escribir este libro, con el deseo de ayudar a otras personas a descubrir su propósito, me doy cuenta de que gran parte de lo que soy aparecerá en estas páginas. Al igual que tú, estoy en una búsqueda. Creo que la mayoría de nosotros, o al menos los que son honestos consigo mismos, persiguen un sentido en sus vidas. Puede que sea al azar, pero todos intentamos encontrar la felicidad, la alegría, la paz y alguna explicación de por qué estamos aquí. He proporcionado información actualizada y herramientas que creo que ayudarán a los lectores a acotar su búsqueda.

Aunque el propósito de este libro es ayudar a las personas a descubrir *su* propósito, soy lo bastante honesto para admitir que la respuesta no siempre está clara. Nunca hay "un único camino". Abordaré el tema basándome en lo que a mí me ha funcionado, lo que creo que proporciona el camino más claro, pero comprendo que muchos tengan creencias diferentes. Aunque todos compartimos una similitud común: todos formamos parte de la raza humana. Lo que escribo no es para obstaculizarte, sino para darte las herramientas que te ayuden a encontrar tu camino.

Entraremos en detalle en las piezas del rompecabezas que, una vez unidas, harán que la imagen sea más clara. Las piezas del rompecabezas son diversos aspectos de nuestro viaje, como nuestra infancia, nuestra educación familiar, cultura, nacionalidad, religión, dones y talentos naturales, entre otras cosas. Mi educación se basó en creencias judeocristianas, por lo que gran parte de lo que comparta sobre mi viaje reflejará ese trasfondo. Además, a lo largo del libro haré referencia a versículos bíblicos y otros recursos que me ayudaron a descubrir mi propósito y que creo que también te ayudarán a ti.

Una parte de este libro contará la historia de un hombre llamado Tim. Todos los nombres y lugares de este libro han sido y seguirán siendo ficticios para ocultar las identidades de las personas y lugares que inspiraron los acontecimientos de su historia. Demostraré a través de la vida de Tim cómo la mayoría de nosotros encontramos nuestro propósito.

También analizaremos a otras personas a lo largo de la historia que, como vemos en retrospectiva, cumplieron claramente su propósito. Proporcionaré evaluaciones a lo largo del libro para ayudar a guiar a los lectores. Definiré términos para mayor claridad.

Gracias por elegir leer este libro. Mi esperanza es que te ayude a dar un paso más en el descubrimiento de *ti mismo* y de por qué estás aquí. Se trata de preguntas profundas que han atormentado a innumerables personas durante incontables años. El mero acto de preguntar inicia el proceso de descubrimiento. En la búsqueda viene el descubrimiento, y en el descubrimiento viene el significado y la realización de la propia vida.

# INTRODUCCIÓN

Hace muchos años, una joven pareja dio a luz a un hermoso niño llamado Paul. Le querían y se preguntaban qué papel desempeñaría en el mundo. Mientras reflexionaban sobre esta cuestión, recibieron una entrega especial. Era una carta de Dios. Como nunca habían recibido este tipo de carta, la abrieron rápidamente y empezaron a leerla. Dios les felicitó por su hijo recién nacido y les expuso todo lo que Paul haría a lo largo de su vida. Dios identificó sus dones especiales, talentos, pasiones, tipo de personalidad, estilo de personalidad y temperamento. Lo único que tenían que hacer sus padres era seguir sus claras instrucciones para su hijo, de modo que su vida tuviera un propósito y un significado, y pudiera realizar aquello para lo que había sido creado. La pareja se puso manos a la obra. Conociendo esta información, pudieron enseñar, entrenar y guiar a Paul basándose en por qué había sido creado y qué debía lograr. Paul acabó viviendo una vida completa que sirvió al propósito de su existencia.

*"Porque a la verdad David, habiendo servido a su propia generación según la voluntad de Dios, durmió, y fue reunido con sus padres, y vio corrupción".*

-Reina Valera 1960, Hechos 13:36

¿No estaría bien que funcionara así? En algunos aspectos, hay algo de verdad en esta historia, como vemos en la historia del rey David a la que se hace referencia en la escritura anterior. Aunque en el caso del rey David su propósito no estaba trazado tan nítidamente, como tampoco lo está el nuestro. Para la mayoría de nosotros, la vida no transcurre así. En el primer capítulo, compartiré la historia de la vida de Tim, y cómo llegó a descubrir su propósito. Su ejemplo probablemente se parezca más a la vida del resto de nosotros. Mi esperanza es que en su historia veas que, incluso en el dolor y la lucha, hay respuestas que pueden ayudarnos a descubrir nuestro propósito. Hace poco encontré una cita de Mark Twain que ejemplifica mejor mi motivación para escribir este libro: "Los dos días más importantes de tu vida son el día en que naces y el día en que descubres por qué".

Mi esperanza es que al terminar de leer este libro hayas descubierto por qué fuiste creado. Otra cita que he adoptado recientemente es "Nuestra historia, es la gloria de Dios". A menudo nuestra historia prepara el escenario para la revelación de nuestro propósito.

Un maestro muy sabio, Stephen Covey, enseñó que debemos empezar con el fin en mente. A menos que puedas definir claramente lo que buscas, ¿cómo vas a encontrarlo? En cierto sentido, estoy poniendo el carro delante de los bueyes. Llámalo tomadura de pelo, pero creo que lo que buscamos reside en lo más profundo de lo que somos. Se depositó en nosotros incluso antes de que naciéramos. Es una semilla, y si cuidamos de esa semilla, crecerá hasta convertirse en lo que estaba destinada a ser.

Como se dice en el libro de Jeremías: "Antes que te formase en el vientre te conocí, y antes que nacieses te santifiqué, te di por profeta a las naciones". (Reina Valera 1960, Jeremías 1:5). Esto era específico del profeta Jeremías, pero ¿por qué no podría decirse de todos nosotros?

Lo que quiero decir es que hay algo puesto dentro de nosotros que está destinado a satisfacer una necesidad, a cumplir un propósito en nuestro tiempo y en nuestro lugar en la historia. Esta "pieza del rompecabezas" nos da la razón de nuestra existencia. Hemos sido creados de forma única para ese propósito. Mi esperanza es que, tras leer este libro, tengas una idea más clara de lo que es.

Nunca habrá otro "tú" en todo el tiempo. Cuando todo esté dicho y hecho, y podamos mirar atrás a nuestras vidas en la eternidad, veremos cómo y dónde encaja esa pieza del rompecabezas en el gran esquema de las cosas. La razón por la que empiezo pensando en el final es que tengamos alguna idea de lo que queremos para nuestras vidas.

Nos enredamos persiguiendo las cinco **P** de la vida: poder, prosperidad, posición, prestigio y placer. Son distracciones fáciles y tentaciones aún mayores, pues siempre prometen más de lo que cumplen. El problema es que no nos damos cuenta de ello hasta que es demasiado tarde, y vemos el daño causado por esas persecuciones en el retrovisor. Esto a menudo sólo trae dolor e insatisfacción.

La historia está plagada de ejemplos de esas consecuencias. Se han destruido civilizaciones por culpa de estos afanes. Si tuviéramos la capacidad de avanzar en el tiempo, como en la película *Click*, utilizando un mando a distancia para ver las consecuencias de nuestras elecciones, ¿seríamos felices? En algunos aspectos, podemos hacerlo utilizando la mente creativa que Dios nos ha dado. No podemos predecir necesariamente nuestro futuro, pero podemos preparar el escenario de cómo podría ser. Uno de mis versículos favoritos aborda esta cuestión:

*"Porque yo sé los pensamientos que tengo acerca de vosotros, dice Jehová, pensamientos de paz, y no de mal, para daros el fin que esperáis".*
-Reina Valera 1960, Jeremías 29:11

Nosotros, como humanos, somos seres finitos, y Dios, que nos creó, es un ser infinito que no está limitado al tiempo ni al espacio, por lo que sólo Él puede hacer esta afirmación. Cuando comprendemos la magnitud de este versículo nos damos cuenta de que, aunque nosotros no conocemos nuestro futuro, Dios sí, y desea bendecirnos. Para conocer nuestro propósito debemos acudir al que nos creó, que sabe por qué nos creó. Él revela Su propósito para nosotros de muchas maneras, y lo examinaremos a lo largo de este libro.

Quiero proponerte, antes de meternos de lleno, que nos detengamos un momento y probemos un par de cosas que espero no sean demasiado radicales. En primer lugar, me gustaría que pasaras una o dos horas en un cementerio mirando las lápidas. Cada una tiene una fecha de inicio y una fecha de finalización, pero la parte más reveladora que queda sin decir es el guion entre las fechas. Esa es la vida de la persona. La vida que haya vivido se reduce a un guion. Por supuesto, los recuerdos que dejó en sus amigos y familiares también reflejan esa vida. Esperemos que la vida de la persona haya dejado un legado que hable de una vida vivida de acuerdo con el propósito de la persona. Lo segundo que quiero que hagas es que repases los obituarios locales recientes y leas algunos de los comentarios de los familiares de los fallecidos. A menudo se dedica un párrafo o menos a definir la vida de esa persona.

La vida que tenemos es nuestra para vivirla y nuestra para definirla. Lo que hacemos con esa vida es todo lo que tenemos para dar y por lo que seremos recordados. Sócrates dijo una vez que "una vida sin examen no merece la pena ser vivida". La vida es algo más que simples fases: nacemos, jugamos, trabajamos, morimos. La vida tiene un significado y un propósito mayores, y depende de nosotros descubrirlo.

Mantengo esta creencia porque veo belleza en toda la creación. Encuentro alegría en estar con quienes me importan. La vida es un equilibrio entre el yin y el yang: el bien y el mal, la luz y la oscuridad, el verano y el invierno. Así lo afirmó Jesús en el libro de Juan:

*"Estas cosas os he hablado para que en mí tengáis paz. En el mundo tendréis aflicción; pero confiad, yo he vencido al mundo".*
    -Nueva Versión Reina Valera 1960, Juan 16:33

Saber que la vida está destinada a ser un reto no debería desanimarte. Cuando leas la historia de Tim, descubrirás que sólo del dolor surgieron la esperanza y la dirección. A menudo es así como funciona la vida. Es uno de los principios de la naturaleza. Para que una semilla produzca, debe abrirse paso en la tierra, soportando la lluvia, el viento y la sequía hasta llegar a la madurez. A menudo, nuestras dificultades forman parte del viaje hacia el descubrimiento. Trabajar a través de estas dificultades nos ayuda a prepararnos para lo que vamos a llegar a ser. Muchos grandes hombres y mujeres se hicieron grandes porque no se rindieron ante las dificultades; permitieron que forjaran su camino hacia la victoria y el éxito.

*"Yo amo a los que me aman, y me hallan los que temprano me buscan".*
    -Reina Valera 1960, Proverbios 8:17

Este versículo hace referencia a la búsqueda de Dios, pero también creo que debemos buscar la verdad. Si nuestro deseo es lo suficientemente fuerte y buscamos las respuestas, éstas se revelarán, aunque no sea de la forma que esperábamos; en el libro de Juan, Jesús afirma que vino a darnos vida y que será una vida en abundancia.

Soy consciente del conflicto que surge en todos nosotros. Primero se nos dice que experimentaremos problemas, pero también se nos promete que superaremos los obstáculos. Se nos dice que, si buscamos, encontraremos. Por último, se nos dice que se nos da la vida, y no sólo la vida, sino una vida de abundancia. Eso me hace saber que tenemos que tomar algunas decisiones.

Recuerdo haber leído una cita de Stephen Covey que me impactó mucho y me dio una sensación de empoderamiento: "No soy un producto de las circunstancias. Soy producto de mis decisiones". No siempre podemos controlar lo que se nos viene encima, pero tenemos un momento -a veces una milésima de segundo- para decidir si esas circunstancias dictarán nuestra respuesta, o si estaremos al mando. En ese momento reside nuestro poder. O lo tomamos o lo cedemos. Nuestras decisiones definen la dirección que toma nuestra vida. Mi esperanza es que reconozcamos que tenemos ese poder en el momento y así enviemos nuestras vidas en la dirección de nuestro destino y propósito.

La tercera cosa que necesito que hagas -y sé que lo he alargado mucho- será un reto. Quiero que escribas tu propio epitafio, obituario o panegírico. Debe ser cómo quieres que te recuerden, lo que hiciste por los demás y lo que más valoras. Escribe lo que quieres que sea tu legado. Este ejercicio te proporcionará un plano visual de las vidas que has tocado.

Puedo darte un breve ejemplo:

*Paul vivió su vida con un sentido de propósito y con el deseo de servir a los necesitados. Dejó que Dios y el amor fueran sus principios rectores. Siempre trató de ser un siervo para los necesitados, y de ser una fuente de aliento para levantar a los demás. Siempre animó a los demás a buscar a Dios y Su propósito para sus vidas.*

Estos ejercicios son referencias importantes a medida que avanzamos en este libro. No sólo te ayudarán a definir lo que es importante para ti, sino que te ayudarán a redactar las declaraciones de propósito, visión y misión que escribiremos más adelante.

A medida que profundicemos en la historia de Tim, empezaremos a exponer las herramientas que te ayudarán a identificar tu propia singularidad y a darte cuenta de lo especiales que somos cada uno de nosotros.

Como dijo el salmista

*"Oh Jehová, tú me has examinado y conocido. Tú has conocido mi sentarme y mi levantarme; has entendido desde lejos mis pensamientos. Has escudriñado mi andar y mi reposo, y todos mis caminos te son conocidos. Pues aún no está la palabra en mi lengua, y he aquí, oh, Jehová, tú la sabes toda. Detrás y delante me rodeaste ,y sobre mí pusiste tu mano. Tal conocimiento es demasiado maravilloso para mí; alto es, no lo puedo comprender.*

*¿A dónde me iré de tu Espíritu? ¿Y a dónde huiré de tu presencia?*

*Si subiere a los cielos, allí estás tú; y si en el Seol hiciere mi estrado, he aquí, allí tú estás. Si tomare las alas del alba y habitare en el extremo del mar, aun allí me guiará tu mano, y me asirá tu diestra. Si dijere: Ciertamente las tinieblas me encubrirán; Aun la noche resplandecerá alrededor de mí. Aun las tinieblas no encubren de ti, y la noche resplandece como el día; lo mismo te son las tinieblas que la luz. Porque tú formaste mis entrañas; Tú me hiciste en el vientre de mi madre. Te alabaré; porque formidables, maravillosas son tus obras; estoy maravillado, y mi alma lo sabe muy bien. No fue encubierto de ti mi cuerpo, bien que en oculto fui formado, y entretejido en lo más profundo de la tierra. Mi embrión vio tus ojos, y en tu libro estaban escritas todas aquellas cosas que fueron luego formadas, sin faltar una de ellas. ¡Cuán preciosos me son, oh Dios, tus pensamientos! ¡Cuán grande es la suma de ellos! Si los enumero, se multiplican más que la arena".*

-Reina Valera 1960, Salmos 139:1-18

Nuestras creencias dictan nuestras opciones vitales, que dictan nuestras decisiones, que afectan a nuestras emociones y acciones, que repercutirán positiva o negativamente en nuestras vidas y en las de quienes nos rodean. Sólo tenemos una vida, y nuestras elecciones más importantes deben guiarse por la verdad, el consejo sabio y el amor.

A medida que nos adentremos en este libro, examinaremos algunas de las creencias que afectan a nuestra toma de decisiones y establecen el marco de nuestras vidas. Analizaremos con honestidad lo que creemos y por qué lo creemos. Debemos ser totalmente transparentes con nosotros mismos, ya que lo que creemos debe basarse en la verdad personal y guiarse por nuestros propios valores.

Déjame que te cuente una historia. Un hombre preguntó a su mujer por qué siempre cortaba el extremo del jamón antes de cocinarlo para una cena especial. Ella respondió: "Así lo hacíamos siempre cuando yo era pequeña. Así lo preparaba mi madre". Curioso, llamó a su suegra y le preguntó por qué siempre cortaba el extremo del jamón. Ella le dijo: "Así es como mi madre preparaba siempre el jamón". Aún más curioso, llamó a la abuela de su mujer y le hizo la misma pregunta. Ella respondió: "¡Porque mi horno era demasiado pequeño para que cupiera todo el jamón!". Lo que quiero decir es que gran parte de lo que creemos nunca lo cuestionamos, y tomamos decisiones importantes en la vida porque "así lo hemos hecho siempre".

Termino esta introducción con una cita de Gandhi:

*"Tus creencias se convierten en tus pensamientos. Tus pensamientos se convierten en tus palabras. Tus palabras se convierten en tus acciones. Tus acciones se convierten en tus hábitos. Tus hábitos se convierten en tus valores. Tus valores se convierten en tu destino".*

Por favor, elige sabiamente lo que crees, porque de esa creencia saldrá tu destino. Espero que este libro te ayude a encontrarte a ti mismo y a descubrir que tan "formidables y maravillosas son tus obras" (Reina Valera 1960, Salmos 139:14). Espero que empieces a aprender lo que debes hacer para convertirte en esa "pieza de rompecabezas" y dejar tu huella en este mundo, como han hecho tantos otros.

# CAPÍTULO 1
# LA HISTORIA DE TIM

Tim nació en 1968, el menor de seis hermanos en una comunidad rural del sur de Illinois. Esto ocurrió en pleno apogeo del Movimiento por los Derechos Civiles y de la Guerra de Vietnam, pero, por supuesto, de niño era ajeno a todo ello. Creció en viviendas sociales, desde su perspectiva, no reconocía las diferencias raciales. No era más que otro niño que intentaba divertirse. De hecho, su primer flechazo a los cuatro años fue una niña negra a la que se refería como su novia "de chocolate". Verás, las cuestiones de conflicto y odio no son algo con lo que nacemos; son un comportamiento aprendido. Lo que vio fue una chica cuya piel era de un color distinto al suyo y, desde la perspectiva de un niño de cuatro años, ese color se parecía más al chocolate.

Tim era ajeno a todo el drama que ocurría en casa. En algún momento de los años 50, la madre de Tim conoció a su padre en Michigan mientras cuidaba a los hijos de éste, fruto de otro matrimonio. Se juntaron y su padre dejó a su mujer para casarse con su madre. Tuvieron seis hijos en total. La primera fue Sara, nacida en 1956. Bob nació en 1958. Steve nació en 1959, Joe nació en 1961, Rick nació en 1962. Y, por último, Tim nació en 1968. Sus padres lucharon durante gran parte de su matrimonio. Su padre era alcohólico y abusaba física, verbal y emocionalmente de su madre.

Parte de lo que verás a medida que nos adentremos en la historia de Tim es cómo las experiencias tempranas desempeñan un papel vital en la comprensión de nuestro propósito en la vida. La madre de Tim tenía que esconderse a menudo del padre de Tim, y esconder a los niños para que no les hicieran daño. Durante esta época, pasaban apuros económicos. No podían depender del padre de Tim. Su madre trabajaba en lo que podía para poder mantenerlos. Tim no creció con la proverbial cuchara de plata en la boca. Si acaso, utilizaban cubiertos baratos heredados de alguna otra familia.

Después de nacer Tim, las cosas empeoraron mucho. Su madre estaba cada vez más asustada por los arrebatos, amenazas y violencia del padre de Tim. A menudo encerraban al padre de Tim por problemas de violencia doméstica. La madre de Tim decidió huir y llevarse a los niños con ella. El padre de Tim se enteró e intentó matarla. Tim era sólo un bebé en aquel momento. Su madre sobrevivió y estuvo en el hospital unos seis meses recuperándose. Los seis niños se repartieron entre los familiares hasta que su madre se recuperó lo suficiente como para llevárselos.

El padre de Tim fue detenido y cumplió condena en prisión por intento de asesinato. Más tarde le dijeron a Tim que su padre volvió a verlos tras salir de la cárcel, pero Tim lo ignoró por completo y no lo ha vuelto a ver desde entonces. El padre de Tim vivía a menos de una hora de ellos mientras crecían y nunca volvió a intentar acercarse. Su padre acabó muriendo solo en una habitación de hotel en 1975 a consecuencia de un ataque al corazón.

Los primeros cinco años de la vida de Tim fueron duros. Creció en un entorno abusivo y siempre tuvo miedo. Fue criado por su madre soltera, que también tenía que cuidar de sus cinco hermanos mientras tenía que trabajar para poder alimentarlos a todos. A menudo estas situaciones sientan las bases de la vida de las personas y de sus elecciones futuras, tanto conscientes como inconscientes. Los niños son resistentes, pero decir que no tuvo un impacto significativo sería una tontería.

La influencia negativa del padre de Tim repercutió en su vida adulta. Cuando su madre se recuperó, la familia se trasladó del sur de Illinois para estar más cerca de su hermana, en un suburbio al sur de Chicago. Esperaba que esto supusiera un apoyo para la familia, y era agradable volver a tener a toda la familia junta. La madre de Tim trabajaba todo el tiempo, así que los niños tenían que valerse por sí mismos con muy poca supervisión.

A los niños les encanta experimentar y no siempre toman las mejores decisiones. Los hermanos de Tim tuvieron muchos casos de implicación negativa con la ley. Las indiscreciones de Tim eran mucho más privadas, pues no quería verse envuelto en problemas legales, pero su curiosidad le llevó a la bebida, la pornografía y la experimentación sexual, caminos peligrosos.

Por aquel entonces, a finales de los 60 y principios de los 70, los vecinos se cuidaban los unos a los otros, así que los niños no se salían con la suya. Si los niños se metían en problemas, sus madres se enteraban. Si se metían en problemas en la escuela, tenían prácticamente garantizados dos azotes: uno en la escuela y otro en casa.

Antes de la mudanza al norte, la madre de Tim conoció a un tipo llamado Bob, que acabó viniendo a vivir con ellos. Durante muchos años, Tim pensó que Bob era su padre, aunque más tarde descubrió que Bob sólo era el novio de su madre. Tim le respetaba, pero le tenía miedo, pues era él quien solía darle los azotes. Tim sabía que su madre le quería, y se alegraba de que tuviera a alguien que cuidara de ella y de sus hermanos y hermana. Recordaba que Bob estuvo con ellos unos tres años y luego se fue.

Tim no entendía muy bien en aquel momento lo que había pasado, pero le dijeron que Bob había tenido un infarto y había muerto. Fue extraño para Tim. Bob estaba allí un día y al siguiente ya no estaba. Esto destrozó a la madre de Tim, que le dijo más tarde que Bob era el único hombre al que había amado, y que perderlo a los 37 años le rompió el corazón.

Cuando Tim tenía entre 5 y 10 años, se entretenía viendo la tele (era como su segunda madre) o jugando al aire libre. Los niños pueden convertir casi cualquier cosa en una aventura. Cerca de su casa había un maizal que era un paraíso de oportunidades. Pasaba horas interminables jugando al escondite. En aquella época tenía pocos amigos, y sus hermanos y hermana solían salir con sus amigos, no con sus hermanos.

Tim salía sobre todo con chicas, ya que le resultaba más fácil relacionarse con ellas. No sabía cómo le afectarían estas experiencias más adelante. Poco después de que muriera el novio de su madre, su familia se trasladó a otra ciudad no muy lejos de donde habían estado viviendo, lo que ayudó a su madre a seguir adelante.

Al crecer, Tim asistió a varias escuelas diferentes, lo cual fue bueno y malo a la vez. Cuando se marcharon de casa tras la muerte de Bob, iba a tercero de primaria. Tim era un chico bastante bueno y no causaba muchos problemas; digamos que había aprendido a no meterse en líos. Cuando se mudaron, no tenía amigos, así que fue a buscarlos.

Los niños que Tim elegía eran los alborotadores, los problemáticos y los abusivos, porque eran los que más atención recibían. Recuerda que le pusieron en una clase con los "niños problemáticos", los que querían pelearse o causar problemas. Recibió su ración de azotes del director. A los nueve años, ya iba por mal camino.

Aunque la madre de Tim trabajaba todo el tiempo, fue lo bastante sensata como para que Tim participara en las Pequeñas Ligas de Béisbol. No lo hacía mal, y el entrenador le tomó cariño. Tim acabó jugando en varias posiciones, como de primera base y lanzador. Mientras jugaba en el equipo, conoció a un amigo cuya familia tuvo la amabilidad de invitarle a un viaje atravesando California en una Winnebago. Para Tim fue el recuerdo de su vida. Su familia nunca podría permitirse un viaje así.

La madre de Tim estaba demasiado ocupada para ir a alguno de sus partidos de la Liga Infantil. Por aquel entonces trabajaba de camarera y acabó conociendo a un hombre mayor con el que acabó casándose. Él vivía en otra ciudad, pero a veces se quedaba con ellos.

Tim tenía pesadillas en las que estaba en una noria de in parque de atracciones. En el sueño, no podía bajarse. Tim se despertaba asustado y gritando. Esto ocurrió una vez cuando estaba allí el nuevo novio de su madre. Él gritó a Tim y le pegó con un cinturón. Tim le tuvo miedo desde aquella noche.

Uno de sus recuerdos de aquella época tenía que ver con otros chicos del barrio. Todos estaban fumando cigarrillos. Uno de los cigarrillos cayó al suelo y prendió fuego a la hierba. Tim salió corriendo inmediatamente. Pronto todo el campo estaba en llamas. Todo el vecindario salió a ayudar a apagar el fuego mientras Tim se escondía debajo de su cama.

Tim no se lo ponía fácil a su madre. Se metía en líos: jugaba a girar la botella, robaba en tiendas y destrozaba la propiedad privada. Se suponía que era el niño bueno.

Fue por aquel entonces cuando Steve, el hermano de Tim, empezó a ir a la iglesia. A veces Tim iba con él; disfrutaba con las actividades. Ésta fue su primera introducción real a la iglesia, y empezó a participar en la vida eclesiástica. Algunos miembros de la congregación trabajaban como voluntarios en una residencia de ancianos y celebraban el servicio religioso con los residentes. Tim pasaba tiempo con ellos, escuchando sus historias y cantando canciones a los residentes.

Cuando Tim estaba en sexto curso, su familia se mudó con el nuevo marido de su madre al pueblo de Stonewood. Fue un buen cambio para Tim, que había tenido problemas con la dirección que estaba tomando, juntándose con los chicos equivocados. La hermana de Tim se había casado, al igual que su hermano mayor. El siguiente de los mayores se había alistado en el ejército. Sólo Joe, Rick y Tim se mudaron con su madre a casa de su padrastro. Éste tenía tres hijos mucho mayores, ya que él y la madre de Tim se llevaban unos 13 años de diferencia.

No tenía amigos en su nuevo colegio y Tim se metió en su caparazón. Estaba en la escolaridad media, que de todos modos es notoriamente dura para los niños. Por aquel entonces lo llamaban secundaria. Tim fue inmediatamente el blanco de los otros niños y sufrió bastante acoso. Era irónico, porque en su otro colegio él había sido el abusivo. Acabó haciéndose amigo de otro chico que no pertenecía a la "multitud".

Tim se mantuvo alejado de los problemas la mayor parte del tiempo, pero el acoso continuó. Había un chico que ponía el pie en la pierna de Tim cuando se sentaba detrás de él, o le tiraba los libros del pupitre. Él y otros abusivos colaboraban para sacar a Tim del autobús cuando subía, o para apartarlo del urinario cuando lo utilizaba. A veces le orinaban en la pierna mientras utilizaba el urinario. Esto era muy doloroso y humillante para Tim, y explica por qué él y otros niños acosados tienen tantos problemas de ira.

Al cabo de un tiempo, Tim se hartó. Empezó a plantarles cara. Se ganó su respeto y acabó haciéndose amigo de ellos, aunque Tim nunca volvió a intimidar a nadie. Había desarrollado una comprensión más profunda de lo que se siente cuando te acosan. Esa comprensión acabaría influyendo en su elección de carrera como orientador. En el primer ciclo de secundaria, no participaba en muchas actividades, aparte de correr a campo traviesa. Era introvertido y sólo intentaba sobrevivir.

En algún momento del primer ciclo de secundaria, Tim asistió a un campamento de la iglesia e invitó a Jesús a entrar en su vida. Había estado asistiendo a los servicios de vez en cuando, y participaba en algunas actividades de la iglesia, pero le había interesado más la diversión que las Escrituras. Antes de que su hermano se alistara en el ejército, Tim iba con él muchas veces a la iglesia. Recuerda haber participado en reuniones de oración que duraban toda la noche, aunque acudía a ellas sobre todo porque servían el desayuno por la mañana. Siempre se quedaba dormido, pero se llevó muy buenos recuerdos.

La vida en casa no era estupenda. Su madre y su padrastro, aunque estaban casados, no tenían quien comparte una vivienda. Hubo un breve periodo, durante los años de instituto y bachillerato de Tim, en el que la familia cuidó de su anciana abuela. Tim pasó buenos ratos con ella, sobre todo jugando al bridge. Pero pronto se puso demasiado enferma para cuidarla en casa, y tuvieron que ingresarla en una residencia.

Su abuela permaneció en la residencia durante varios años. Le diagnosticaron cáncer, lo que fue muy doloroso para ella. La madre de Tim le contó más tarde lo mucho que luchó con su madre. Su madre se había escapado de casa al final de la adolescencia para evitar a su abuela, que era muy estricta. La abuela de Tim crio a su madre, a su hermano mayor y a su hermana pequeña principalmente sola. El abuelo de Tim era conocido como el borracho del pueblo, y su familia cargaba con mucha vergüenza. La madre de Tim sentía que su madre estaba en su contra.

Cerca del final de la vida de su abuela, Tim supo que ella y su madre intentaron arreglar las cosas y perdonarse mutuamente. Toda la familia estuvo presente en su funeral, y él cree que tanto ella como su madre encontraron la paz.

Poco después de que su abuela ingresara en la residencia, la madre de Tim se mudó a la habitación de invitados. A Tim le pareció extraño, pero sabía que su madre y su padrastro no tenían una gran relación. La mayor parte del tiempo, Tim evitaba a su padrastro, porque cuando Tim hacía cosas que a su padrastro no le gustaban, él lo confinaba en el sótano. En cierto modo, eso fue lo que contribuyó a crear su vívida imaginación. Son increíbles las historias que Tim podía crear cuando estaba encerrado en el sótano durante horas y horas.

Cuando Tim entró en el instituto, se encontró con un mundo completamente diferente al de la escuela secundaria. Iba a la escuela con sus dos hermanos. Rick estaba en tercero cuando

Tim estaba en primer año, y Joe estaba en último año. Tim se llevaba mejor con Joe, que siempre tuvo un corazón compasivo y bondadoso. Rick era un buen hermano, pero no quería que Tim se juntara con él. Joe estaba en el equipo de fútbol y Tim siempre había admirado a Joe, así que decidió hacer una prueba.

Sus días de instituto fueron probablemente algunos de los mejores momentos que Tim puede recordar, y le influyeron considerablemente en los años venideros. Tuvo su primer amor de verdad, perdió la virginidad, consiguió su primer trabajo y se rompió su primer hueso.

Tim asistía a un instituto bastante grande llamado Instituto Howard Benning, hogar de los Lions. Entre dos campus, uno para estudiantes de primer y segundo año y otro para estudiantes de tercer y cuarto año, había entre 2500 y 3000 alumnos.

Tim practicó fútbol americano los cuatro años. Los dos primeros años fue receptor; los dos últimos jugó de corredor. Su principal competidor en el equipo era su mejor amigo, y siguieron siéndolo durante décadas.

Tim siempre fue muy trabajador. Si necesitaba dinero, su madre siempre le decía que tenía que trabajar para conseguirlo. Ya a los seis o siete años ganaba dinero extra. Hacía trabajos como cortar el césped, quitar la nieve, hacer recados y limpiar casas. Cuando estaba en el instituto, limpiaba casas de ancianos para ganar dinero extra. Tim cree que pasar tiempo con los ancianos, y especialmente con su abuela, le causó una impresión duradera. Disfrutaba de su compañía y le gustaba mucho hablar con ellos, además de que se le daba bastante bien limpiar. Tim también trabajó como repartidor de periódicos cuando tenía 12 y 13 años, época en la que se permitía a los niños repartir periódicos antes de los 16 años. Creció ganando su propio dinero como podía, pero siempre sirviendo a los demás. Esto influyó mucho en su elección de carrera, sobre todo en lo que se refiere a su deseo de trabajar por cuenta propia.

Las cosas que hacemos en nuestra infancia construyen los cimientos de lo que llegaremos a ser, como una mano invisible que nos guía hacia donde tenemos que estar. Nuestras elecciones futuras pueden rastrearse por las migas de pan que hemos dejado atrás.

En el barrio de Tim había un restaurante que le encantaba, llamado Azarello's. Era el restaurante original de Stonewood, Illinois; ahora es una cadena con restaurantes repartidos por todo Estados Unidos. Siempre había querido trabajar allí. Entró para solicitar un puesto de ayudante de camarero, y la Sra. Azarello, la mujer del dueño, le dio una solicitud. Le preguntó cuántos años tenía. Dijo que tenía 16, la edad legal para trabajar. Tim mintió: sólo tenía 15 años. Se le había dado muy bien mentir. Tim se daría cuenta más tarde de que mentir no era más que un mecanismo de defensa que acabaría por pasarle factura. La Sra. Azarello creyó a Tim y consiguió el trabajo. Trabajó allí más de cinco años. El trabajo le proporcionó algunos de sus mejores recuerdos: allí hizo grandes amigos y conoció a su primer amor.

Allí estaba, yendo a la escuela, jugando al fútbol y trabajando. Su vida en casa apestaba, y Tim intentaba mantenerse alejado todo lo posible. Su madre era estupenda, pero trabajaba mucho, y él odiaba estar en casa con su padrastro. Ninguno de sus hermanos se llevaba bien con su padrastro, así que intentaban evitarlo. Las vacaciones eran lo peor. Su padrastro bebía demasiado. Su madre preparaba la comida y, cuando se sentaban a comer, su padrastro hacía un comentario crítico que ponía a todos de los nervios.

Tim recuerda muchas fiestas en las que su madre se iba a la cama llorando porque su padrastro había estropeado la comida. En una fiesta en particular, su hermano Steve había vuelto del ejército. El padrastro de Tim estaba gritando a su madre, y todo el mundo estaba tenso y llorando. Steve, cinturón negro en artes marciales, se interpuso entre su madre y su padrastro y le dijo a éste que, si daba un paso más, haría lo que tuviera que hacer para detenerlo. Tim pensó que aquello sería el fin del matrimonio, pero ella se mantuvo al lado de su marido.

El único buen recuerdo de su padrastro fue cuando Tim se

enteró de que su padre biológico había muerto. La abuela de Tim había ocultado esta información a la familia porque no quería que la madre de Tim recibiera las prestaciones por la defunción. Una vez que la madre de Tim recibió las prestaciones por defunción, Tim, sus hermanos, su madre y su padrastro volaron a Hawai para visitar a su hermano Steve y a su nueva esposa. Tim tenía 13 años. Fue a bucear con su hermano Rick.

Al entrar en la adolescencia, Tim empezó a experimentar con el alcohol. Como rara vez le supervisaban, iba a muchas fiestas. A Tim le gustaba agradar a la gente y le costaba decir que no. Sólo quería encajar y gustar. A menudo acababa bebiendo grandes cantidades de vodka, ginebra, whisky y otros licores fuertes. No pretendía ser rebelde ni herir a sus padres, sólo quería ser aceptado. No era consciente del daño que causarían sus actos.

Tim estaba en rumbo de colisión con la autodestrucción. Experimentó con el sexo y perdió la virginidad. Era joven y no tenía una visión muy sana del sexo ni de las relaciones. Como cualquier otro adolescente, sólo seguía a sus hormonas. Estas experiencias tempranas afectarían a muchos de los patrones de relación de Tim al entrar en la edad adulta.

Lo que quiero decir con esto es que a menudo no siempre comprendemos del todo por qué seguimos cometiendo los mismos errores de siempre, o acabamos eligiendo asociarnos con determinados tipos de personas. A menudo se remonta a cuestiones no resueltas de nuestro pasado. Nos sentimos atraídos por el tipo de persona que nos hizo daño en el pasado para poder llenar ese vacío emocional. Estas atracciones son inconscientes y destructivas, y acabamos reviviendo el dolor sin llegar a curarnos realmente. Como dije al principio, ten cuidado con lo que eliges creer, porque esa creencia dictará tu destino. Cuando tenemos problemas sin resolver debidos a traumas pasados, a menudo nos predisponen a tendencias autodestructivas. En mi caso, como luchaba contra el abandono y el rechazo, no me valoraba. Me sentía poco digno de ser amado la mayor parte del tiempo, y por eso nunca me sentí digno. Cada vez que quería una relación, encontraba la manera de arruinarla. Estos traumas del pasado tienen que curarse, o te mantendrán en un ciclo de autosabotaje.

Durante aquellos años de adolescencia, Tim se enamoró de una chica con la que trabajaba en el restaurante. Era tres años mayor que él. Su madre, que también trabajaba con ellos, les disuadió de salir debido a la diferencia de edad. Salieron de forma intermitente durante unos siete años. A Tim le costó superar su primer amor. Al final terminó cuando él tenía veintitantos años, debido a indiscreciones mutuas. No estaba orgulloso de sus decisiones y, al final, le rompieron el corazón.

Durante el último año de instituto, Tim se rompió una pierna durante el calentamiento previo al partido, lo que puso fin a su carrera futbolística. Le llevaron inmediatamente al hospital, donde le operaron para colocarle clavos para enderezarle la pierna. Fue un trágico giro de los acontecimientos para él, porque era lo bastante bueno como para clasificarse potencialmente en eventos de liga y regionales. Ese último año de instituto fue duro, no sólo por la lesión, sino por las decisiones que tomó. Sus notas empeoraron y existía la posibilidad de que no se graduara con su promoción. Hizo muchos cursos de recuperación y apenas aprobó. Rompió con su novia justo después del baile de graduación.

Sé que mucho de esto parecen cosas normales de adolescentes, pero como pronto verás, nuestras elecciones tienen una forma de volver para orientarnos más adelante en la vida.

Entre sus bajas notas y la escayola en la pierna, Tim se quedó en casa el verano siguiente a la graduación. Se preguntaba qué hacer. Seguía trabajando en el restaurante y le encantaba. Canalizaba gran parte de su energía en su trabajo. El Sr. Azarello le concedió una beca por su ética laboral, y la aplicó a su primer año de universidad. Continuó sirviendo a la comunidad, limpiando para ganar dinero extra. Le encantaba ayudar a la gente, pero recordando aquella época, simplemente buscaba aceptación. Tim intentaba llenar ese agujero vacío de su corazón con relaciones, alcohol o cualquier otra cosa que funcionara. Tim se llevaba bien con la mayoría de la gente, pero le costaba encontrar conexiones significativas.

Empezó a estudiar en la universidad local. Como no sabía en qué especializarse, decidió matricularse en psicología. Quizá eso le ayudaría a entenderse a sí mismo. Le encantó. Un profesor ejerció una gran influencia sobre él, aunque puede que no fuera la más saludable. Digamos que el profesor era un librepensador y no tenía una brújula moral judeocristiana tradicional. Tim era una esponja, absorbía todo lo que él impartía en sus clases de psicología anormal y sexualidad humana. Tim aún recuerda a su profesor trayendo a un tipo para que hablara con ellos sobre la bisexualidad. Para una mente joven, impresionable y desordenada como la suya, esto acabó no siendo útil para él. Sí puso en marcha su elección de carrera, aunque a veces se desviara, sobre lo que profundizaremos más adelante.

Tim acabó estableciéndose en el campo de la psicología, más o menos al mismo tiempo que él y su primera novia volvían a estar juntos. Tenían una conexión apasionada, y aunque hace falta mucho más que eso para que una relación tenga éxito, para alguien como Tim, que sólo quería que le quisieran, era perfecto.

Tras su primer año en el colegio comunitario, la vida en casa no había mejorado. Su padrastro sufrió un derrame cerebral por aquel entonces, y su madre se convirtió en su cuidadora. Tim sintió que tenía que escapar. Empezó el segundo año en una universidad cercana a la Universidad de Michigan para obtener créditos que le permitieran cursar el tercer año. Se fue a vivir con su hermano al YMCA. A Tim le encantaba el estilo de vida universitario: la bebida, las mujeres, las fiestas. Era el lugar perfecto para alguien en rumbo de colisión con la autodestrucción. Tim estaba hambriento de atención. No tenía sentido. Estaba dispuesto a hacer cualquier cosa para aliviar el dolor con el que nunca se había enfrentado realmente. Iba a la escuela a tiempo completo, tenía tres trabajos a tiempo parcial y hacía prácticas en el centro de salud mental, pero sólo dormía tres o cuatro horas cada noche. La mayoría de las veces se pasaba las noches bebiendo hasta perder el conocimiento. Bebía más de lo que parecía humanamente posible y tenía más relaciones sexuales de las que podía recordar, a veces con tres mujeres distintas a la vez. Tim estaba en un punto de ruptura en su vida; sólo que aún no se había dado cuenta.

Era Halloween. Estaba en su tercer año de universidad y vivía con su hermano. Tim había invitado a su mejor amigo a visitarle para las fiestas. Tim se disfrazó de Rambo y salió a celebrarlo a una de las fiestas de la Universidad de Michigan. Aquella noche tuvo una crisis psicótica inducida por el alcohol. Tim se sentía indestructible; negaba por completo la gravedad de su estado. Como de costumbre, estaba bebiendo. En un descanso de la fiesta, fue al baño y se cortó el brazo con cuchillas. Se creía Rambo y quería parecerlo. Cuando salió del baño cubierto de sangre, su mejor amigo lo llevó inmediatamente al hospital. Tim mintió a la enfermera y le dijo que se había peleado. No quería que lo enviaran al pabellón psiquiátrico: estaba haciendo prácticas en esa unidad.

A Tim le habría gustado decir que aquel incidente le despertó de todos los comportamientos autodestructivos, pero no fue así. Su amigo le animó a buscar ayuda, y finalmente Tim cedió y buscó asesoramiento en la escuela. Lo ocurrido le había asustado.

Tim siguió fingiendo que estaba bien, y siguió como siempre: trabajando, bebiendo e intentando adormecer el dolor. Este comportamiento arruinó sus relaciones y acabó afectando sus notas. La universidad le suspendió, por lo que tuvo que pedir una excedencia de un año.

Tim se fue a trabajar con su hermano Bob a Chicago en la construcción. Era un dinero estupendo, pero trabajaba en el turno de noche remodelando restaurantes. Intentaba dormir durante el día y trabajar por la noche. Casi todos los días, los obreros salían a beber después del trabajo y luego asistían a espectáculos de lencería. No estaba orgulloso de su comportamiento. Cuando finalmente regresó a la Universidad de Michigan, retomó su vida donde la había dejado: bebiendo, de fiesta y haciendo tonterías.

Tim no sólo era alcohólico, sino que mantenía múltiples relaciones con mujeres. Seguía intentando encontrar esa esquiva combinación perfecta de alcohol y una relación que le quitara el dolor. De algún modo, pudo terminar la universidad a pesar de sus tendencias autodestructivas. Tim estaba quemado en el campo de la psicología, así que optó por aceptar un trabajo como gerente de restaurante. Pasó por un programa de formación con otros recién contratados, y acabó conociendo a una mujer increíble con la que conectó inmediatamente. Ella estaba casada, y empezaron una aventura.

Tim había perdido de vista su brújula moral. En su mente, el bien y el mal estaban desdibujados. Aunque tenía un trabajo respetable como gerente de un restaurante, era un completo desastre. Intentaba llenar su vacío con relaciones sexuales. Bebía como un pez para adormecer el dolor. En su insensatez, Tim dejó su trabajo fijo para dedicarse a vender seguros a comisión. Sí, fue por una mujer. Por desgracia, ésta no era la vocación de Tim en la vida, y fracasó estrepitosamente. Como resultado, perdió tanto su apartamento como a su novia.

La vida de Tim empezaba a parecerse a un fragmento de la película *Stripes*. Su mejor amigo le dejó quedarse con él, pero duró poco: le pillaron fumando hierba y acostándose con una mujer en la cama de su amigo. Luego destrozó su automóvil conduciendo bajo los efectos de la droga. Después de aquello, no sólo se quedó sin casa en pleno invierno en Chicago, sino también sin trabajo y sin auto. Se coló en el trastero del sótano de su mejor amigo para dormir. No tardaron en descubrirle y echarle. Entonces se puso en contacto con un tipo que conoció a través del programa de formación para el empleo para ver si podía alojarle hasta que se le ocurriera algo, pero eso también duró poco.

Tim tenía unos 20 años, no tenía casa, estaba arruinado y sufría. Sólo se le ocurría una solución para acabar con el dolor. Decidió, mientras miraba el agua fría del lago Michigan, que iba a ahogarse.

Justo cuando entraba en el agua, oyó una voz clara que le decía que se detuviera. Tim retrocedió fuera del agua y empezó a sollozar incontrolablemente. Sintió que Dios le hablaba y le dejaba claro que no debía tirar su vida por la borda. A menudo Dios permite que el dolor de nuestro pasado y nuestras propias decisiones insensatas nos lleven a un punto de rendición para que Él pueda revelarnos lo que siempre ha querido para nosotros. Dios iba a sacar a Tim de esta situación. Así pues, Tim se levantó y llamó a su hermano para pedirle finalmente ayuda.

Tras su experiencia cercana a la muerte, Tim se fue a vivir con su hermano y su mujer y empezó a rehacer su vida. Trabajó como camarero en el campus donde había ido a la escuela. Seguía luchando, pero empezó a buscar respuestas. Seguía buscando relaciones y alcohol, pero no con la misma destructividad que antes lo había consumido. Seguía sintiendo la atracción del sexo y el señuelo de la tentación; quería una relación sana, pero no estaba seguro de cómo tenerla.

Lo creas o no, incluso durante esta época de locura, se las había arreglado para seguir en el ejército. Se alistó en la reserva del ejército cuando estaba en la universidad, y había encontrado la manera de asistir a los ejercicios. Hoy en día, Tim no sabe cómo lo hizo. El ejército le ayudó a centrarse. Tim tenía un fuerte impulso, pero estaba enfocado de formas muy destructivas.

Tras muchos consejos, Joe, el hermano de Tim, le animó a pasar una temporada en Nueva York con su hermano Steve, que no sólo estaba en el ejército, sino que también era ministro. Tim se puso en contacto con Steve y le preguntó si podía quedarse con él y su familia durante un tiempo. También le preguntó si Steve sería su mentor y su discípulo. Tim no comprendía del todo el reto que esto supondría: Steve era cariñoso pero muy estricto.

Llevaba un tiempo viviendo con Steve y su familia cuando oyó esta cita:

*"Si alguno no quiere trabajar, tampoco coma".*
    -Reina Valera 1960, 2 Tesalonicenses 3:10

Tim decidió dejar de comer hasta encontrar trabajo. Trabajó en el turno de noche con adultos discapacitados. Tim se enamoró perdidamente de ellos. En aquel momento no se dio cuenta, pero Dios estaba revelando la vocación de Tim. Tim había aceptado el trabajo sólo para poder comer, pero este trabajo iba a conducirle a la obra de su vida.

Cuando Tim se trasladó a Nueva York, transfirió su condición de militar a la Guardia Nacional, alistándose para ser oficial. Estuvo bajo la tutela de su hermano Steve, que pastoreaba una iglesia. Durante ese periodo, Tim fue a la Escuela de Aspirantes a Oficial durante unos seis meses. Cuando estuvo allí, pudo concentrar su energía en una dirección mucho más saludable. Hacía ejercicio tres veces al día, ganó el premio a la forma física y estaba a punto de conseguir el premio al candidato con más flexiones, más abdominales y la carrera más rápida de dos millas. También pudo ver lo que podía hacer como líder. Con su empuje, compasión y liderazgo fue nombrado graduado distinguido de su promoción.

También se tomó muy en serio su relación con Dios y el servicio a los demás. La vida de Tim dio literalmente un giro de 180 grados. Se abstuvo del alcohol y del sexo y se lanzó al voluntariado en la iglesia. Dirigió el ministerio infantil, ayudó con el ministerio del autobús y se ofreció voluntario para las visitas. Lo que se le ocurriera, participaba. Incluso se unió al coro y cantó en solitario. Conoció a una chica en la iglesia y le preguntó a su padre si podía cortejarla.

Tim era una persona completamente distinta. ¿Había encontrado Tim todas las respuestas? Aún no, pero iba en la dirección correcta. Por primera vez en su vida tenía una sensación de propósito, alegría y paz. Había decidido seguir a Dios y ver si podía ayudarle a tomar mejores decisiones. Dios le guio. Empezaron a aflorar talentos en Tim que él no sabía que existían. Empezó a aconsejar y ministrar a sus compañeros soldados que lo estaban pasando mal, y a enseñar a los niños sobre Dios. Empezó a preocuparse más por los demás que por sí mismo.

Una vez que Tim vislumbró cuál era su potencial y lo que creía que Dios podía hacer con él, supo que no daría marcha atrás. Mirando atrás, probablemente fue uno de los mejores momentos de su vida.

Cuando Tim regresó a Nueva York tras su formación, se implicó mucho en la iglesia y en el trabajo. Trabajó como voluntario en la cárcel local del condado. Asistió a otra iglesia donde aprovechó las oportunidades para dirigir el ministerio de solteros y para dar algunas clases, predicar y hablar por la comunidad. Mientras trabajaba como voluntario en la cárcel, ministró a muchos presos que luchaban contra las drogas, el alcohol y la adicción al sexo. Incluso pudo dirigir una clase sobre cómo liberarse de la adicción.

Parecía tan irónico que Dios utilizara ahora todo el dolor al que Tim se había enfrentado para ayudarle a ayudar a otros que tenían dificultades. A menudo, la razón por la que Dios nos permite pasar por dificultades es para que desarrollemos compasión por los demás.

Tim abordó por fin la raíz del dolor que le llevó a las adicciones autodestructivas de su vida. Estuvo muy implicado en el movimiento de *Promise Keepers* (Guardianes de la Promesa) en la década de 1990, y asistió a muchas de sus conferencias. Conoció a un orador inspirador, el Dr. Edwin Cole, que hablaba de la necesidad de perdonar a nuestros padres terrenales. Tim se dio cuenta de que gran parte de su dolor, su vacío y su adicción procedían de la ira que sentía hacia su padre por no haber estado a su lado. Tim llegó a darse cuenta de que su padre no tenía los recursos que necesitaba para ayudarle en la vida. Esto no excusaba a su padre, pero le ayudó a comprenderlo. Cuando Tim perdonó a su padre, pudo empezar a curarse. Eso no significaba que la situación no siguiera siendo dolorosa, pero al perdonar a su padre y dejarlo ir, Tim pudo encontrar la libertad y la curación. Tim encontró orientación en Mateo 5:21-26 (Reina Valera 1960):

*"Oísteis que fue dicho a los antiguos: No matarás; y cualquiera que matare será culpable de juicio. Pero yo os digo que cualquiera que se enoje contra su hermano, será culpable de juicio; y cualquiera que diga: Necio, a su hermano, será culpable ante el concilio; y cualquiera que le diga: Fatuo, quedará expuesto al infierno de fuego. Por tanto, si traes tu ofrenda al altar, y allí te acuerdas de que tu hermano tiene algo contra ti, deja allí tu ofrenda delante del altar, y anda, reconcíliate primero con tu hermano, y entonces ven y presenta tu ofrenda. Ponte de acuerdo con tu adversario pronto, entre tanto que estás con él en el camino, no sea que el adversario te entregue al juez, y el juez al alguacil, y seas echado en la cárcel. De cierto te digo que no saldrás de allí, hasta que pagues el último cuadrante".*

El Dr. Cole, a través de las palabras de Jesús, explicó que, al negarse a perdonar a su padre, Tim se permitía voluntariamente ser prisionero del odio. El padre de Tim había fallecido, así que no podía concederle el perdón físicamente, pero sí podía hacerlo en su corazón. Aunque su padre terrenal no había sido el mejor ejemplo para seguir, Tim encontró consuelo en el hecho de que Dios, su Padre Celestial, era el modelo perfecto de amor y aceptación que siempre había necesitado. Eso revolucionó la forma de pensar de Tim y le permitió salir victorioso de sus adicciones al sexo y al alcohol. Con esa victoria, pudo ayudar con éxito a otros a encontrar la libertad.

Tim siguió luchando en las relaciones, ya que a menudo se sentía tentado por las mujeres, y a veces vacilaba al intentar encontrar a "la elegida". Finalmente conoció a una mujer peruana a través del trabajo. Acabaron prometiéndose. Ella estaba terminando los estudios para ser terapeuta, y hablaron de mudarse a Los Ángeles. Al final, rompieron porque ella se negó a cumplir su obligación de trabajar en New Hampshire durante un año. Aunque Tim distaba mucho de ser una persona perfecta, cumplir su palabra era valioso para él. Este valor desempeñaría más tarde un papel importante en su futuro. La ruptura fue dura para Tim, pero al final sintió que había tomado la decisión correcta.

Creo firmemente que hay una mano invisible, llámala, Dios, que nos guía hacia donde tenemos que estar. No comprendo del todo cómo incluso las miserables decisiones que tomamos influyen, pero lo hacen. Me recuerda al versículo bíblico en el que José habla a su hermano sobre el trato que le dieron. Le vendieron como esclavo y, tras muchos años de sufrimiento, le colocaron en una posición de poder: segundo al mando de Egipto. Con ese poder, pudo salvar a su familia y a toda una civilización.

*"Vosotros pensasteis mal contra mí, mas Dios lo encaminó a bien, para hacer lo que vemos hoy, para mantener en vida a mucho pueblo".*
-Reina Valera 1960, Génesis 50:20

Tras aquella ruptura, Tim se aficionó a una joven del ministerio de solteros. Era guapa y tenía talento. Tenía una voz encantadora. ¿Cómo podía salir mal? Aunque había encontrado "la verdad", ésta no siempre se tenía en cuenta en cada decisión. La vida consiste en elegir, y en aprender a utilizar la sabiduría y la discreción al tomar esas decisiones. Tim, por desgracia, seguía deseando ser amado y aceptado. Eso está muy bien, pero el éxito en las relaciones no consiste simplemente en satisfacer esas necesidades, sino en aprender a tener éxito en una relación disponiendo de las herramientas necesarias para que funcione. Tim carecía desesperadamente de muchas de esas ; nunca había visto un modelo de relación sana mientras crecía. Cortejaron durante un año y acabaron casándose.

En todos sus años de voluntariado en la cárcel, atendiendo y aconsejando a los reclusos, se dio cuenta de que necesitaba ampliar su formación religiosa. Decidió formarse en un seminario de Nashville. Dada la experiencia de Tim en las cárceles, decidió estudiar filosofía para comprender mejor la Biblia y la fe cristiana. Esto surgió de muchas de las preguntas expresadas por los reclusos a los que se había enfrentado como capellán.

Así que aquí estaba, recién casado, viviendo en Nashville y trabajando como jardinero en la iglesia donde estaba el seminario. Él y su nueva esposa encontraron una iglesia y se implicaron en el voluntariado. Mientras Tim trabajaba y asistía a la escuela, su mujer trabajaba y se instalaron en un apartamento.

Tim luchaba intentando resolver problemas de su pasado. Su mujer se sentía aislada; su familia y sus amigos estaban en Nueva York. Ella encontró consuelo en su participación en la iglesia y acabó trabajando en misiones, uniéndose a un viaje misionero a Sudamérica. Llevaban poco más de un año casados cuando todo se vino abajo. Al volver de su viaje misionero, la mujer de Tim aceptó un trabajo que le obligaba a ausentarse bastante. No hablaban mucho ni tenían intimidad. Tim empezó a sospechar que algo iba mal y tuvo sospechas de una aventura. Cuando la enfrentó, ella se marchó y su matrimonio se acabó. Tim quedó destrozado. Llevaba casado poco más de un año y se había acabado. El seminario al que asistía no veía con buenos ojos el divorcio, así que su carrera en el ministerio estaba ahora en peligro.

Fue una época muy difícil para él. Pidió consejo a familiares, ministros y amigos. Hizo mucho examen de conciencia. También tomó una decisión muy sabia. Decidió hacer un "plan de vida". Contrató a un entrenador de vida. Se reunieron durante tres días para analizar toda su vida y ver si había alguna pauta que destacara. Estos patrones podrían ayudarle a identificar cuáles eran sus áreas de fuerza y servicio. Fue revolucionario. Aunque sentía que había sido llamado a servir en el ministerio, ahora reconocía que ya lo había estado haciendo, pero en una capacidad que ni siquiera se había dado cuenta de que era el ministerio. Descubrió que su verdadera vocación era trabajar con discapacitados y con personas que tenían problemas emocionales y psicológicos.

A Tim se le abrieron los ojos. El ministerio no consiste sólo en pastorear una iglesia o realizar una misión, sino en servir a Dios en el área de talento de cada uno. Durante los años siguientes, se volcó en su trabajo con los discapacitados. Encontró una nueva iglesia y se implicó mucho en el ministerio, trabajando con el departamento de misiones, el ministerio de solteros y el ministerio de oración. Durante este periodo, hizo un viaje de misión médica de corta duración a El Salvador. Fueron a las montañas y a muchos pueblos y trataron a personas que necesitaban ayuda. Hablaron con la gente a través de un intérprete sobre Dios y la Biblia. También pudieron visitar algunos orfanatos y a los niños que vivían allí. Fue una oportunidad increíble para ver cómo viven otras personas de distintas partes del mundo. Dios utilizó ese tiempo para que Tim siguiera descubriendo el propósito de su vida.

Tim siempre había sido un ávido lector, por lo que leía con voracidad sobre los hombres y mujeres que Dios había utilizado en la Biblia y a lo largo de la historia para cambiar el mundo. Le fascinaba el poder de la oración para incitar al cambio. Leía historias sobre los avivamientos que habían comenzado en América en las décadas de 1850 y 1860 y se habían extendido por toda Europa. Le intrigaba especialmente el renacimiento galés de principios del siglo XX, que comenzó con una profunda oración que recorrió toda la nación y cambió radicalmente la vida de la gente.

Estaba aprendiendo más sobre su relación con Dios como creador y Padre que lo que le habían enseñado mientras crecía. La fe de Tim era cada vez más auténtica. Se estaba dando cuenta de que el alcohol y las relaciones sólo eran sustitutos de la alegría y la satisfacción verdaderas. Tuvo la oportunidad de ir a otro viaje misionero, pero esta vez a un orfanato. Adoraba a los niños, aunque entonces no tenía ninguno. Siempre había querido ser padre. El objetivo principal de esta misión era hacer algunas reparaciones en un orfanato y poner los cimientos de un nuevo edificio. Fue increíble conocer a los niños, que literalmente no tenían nada, ver su alegría y experimentar su aceptación. Tim se sintió culpable por no haber apreciado nunca todas las cosas que tenía. Fue realmente la experiencia de su vida.

La vida de Tim siguió avanzando en la dirección correcta mientras seguía el plan de Dios. Su propósito sigue desarrollándose, pero ha llegado a reconocer que no somos nuestro pasado, y que nuestro pasado no dicta en quiénes nos vamos a convertir. Gran parte de lo que le ocurrió a Tim estaba fuera de su control: las acciones de su madre, su padre, sus hermanos, sus compañeros y sus acosadores. A menudo, las acciones de los demás, especialmente las experiencias dolorosas, nos dañan. Podemos acabar con el alma herida, y si el dolor no se aborda y se cura mediante el amor, esa alma herida intentará curarse a sí misma. Sin el apoyo de familiares y amigos cariñosos, puede que busquemos formas autodestructivas de curarnos. Hemos sido creados con una sensación de totalidad del yo, pero esta sensación de totalidad puede fragmentarse. Es como si intentáramos encontrar todas las piezas que nos hacen ser "nosotros" y volver a juntarlas para sentirnos completos de nuevo. Dios puede ayudar a sanar ese yo herido, a encontrar todas las piezas rotas y volver a unirlas.

¿Ha "llegado" Tim? No del todo, pero está a camino. Aunque no todo estaba claro desde el principio, en el descubrimiento de su vocación, se ha descubierto. Dios le dio pistas. En aquella temida noche en la que Tim estaba al final de la cuerda y quería tirar su vida por la borda, Dios intervino. Dios conocía su futuro, y si Tim se hubiera suicidado, muchas vidas habrían sufrido. Tim nunca habría cumplido el propósito de Dios. Como Tim le escuchó, Dios empezó a revelarle en cada experiencia, buena y mala, que *"Y sabemos que a los que aman a Dios, todas las cosas les ayudan a bien, esto es, a los que conforme a su propósito son llamados"* (Reina Valera 1960, Romanos 8:28).

Al reflexionar sobre la historia de Tim, también reflexiono sobre lo que Dios me ha enseñado, y sigue enseñándome. Me gustaría compartir un poco de mi propia historia. Al igual que Tim, yo también me involucré en el trabajo misionero. En un viaje, me hice muy amigo de una de mis compañeras de equipo y, a nuestro regreso, empezamos a pasar más tiempo juntos. Ella trabajaba en la iglesia en el departamento de audio y vídeo y cantaba en el coro. Acabamos saliendo. Nos cortejamos, hicimos todo lo correcto y nos abstuvimos de mantener relaciones sexuales. Fue maravilloso experimentar una relación que se hacía bien. Tenía una hija de 10 años y nos llevábamos muy bien. Tras un año de noviazgo, nos comprometimos y planeamos la boda para abril.

Antes de nuestro encuentro, yo había estado trabajando como director de un hogar de grupo en una residencia que atendía a personas con discapacidades del desarrollo. Me encantaba trabajar allí, y todos los residentes participaron en la boda como padrinos. Todos llevaban esmoquin.

Cambié de trabajo antes de casarnos y pasé a trabajar en un programa local como gestor de casos, supervisando los servicios prestados a personas con discapacidades del desarrollo. Después de la boda, nos instalamos en una casa en Carolina del Norte que se construyó en la época en que Lincoln era presidente. Mi mujer había vivido allí varios años. Tuvimos a nuestro primer hijo, Reece, en 2001. Nuestro segundo hijo, Elliot, nació en 2002. El primer nombre de Reece es Paul, y el de Elliot, Paige. Llamamos a Paul "Reece" en honor al famoso reavivador Rees Howell, cuya pasión por la oración tuvo un gran impacto en mí. A Paige la llamamos "Elliot" por Elizabeth Elliot, una misionera que perdió a su marido a manos del canibalismo. Su historia de amor desempeñó un papel importante en nuestro noviazgo.

Cuando llegó nuestro tercer hijo, Jordan, nos mudamos a una casa más grande en Charlotte, Carolina del Norte. Acepté un nuevo puesto trabajando para una empresa de Albemarle que gestionaba un taller que atendía a personas con discapacidad. También trabajé ayudando a personas con discapacidad a poner en marcha sus propias empresas, así como supervisando una transformación del programa del Centro de Cuidados Interme- dios. Redacté y recibí subvenciones que ayudaron a instalar una sala sensorial para ayudar a las personas con problemas de conducta. Fue una oportunidad de hacer cambios reales y dura- deros en la comunidad.

Por aquel entonces también empezamos a trabajar con el sistema de acogida. Decidimos abrir nuestro hogar a personas con discapacidades del desarrollo. La primera joven que acogimos sufría una discapacidad permanente como conse- cuencia de un tumor cerebral. Había perdido la mayor parte de su capacidad para cuidar de sí misma. Tenía poco más de 20 años y antes vivía con su abuela. La cuidamos durante unos dos años, hasta que falleció. Con el tiempo, nos trasladamos a una casa más grande en el barrio y acogimos a otra joven.

Ambos éramos muy activos en la iglesia. Mi mujer cantaba en el coro y los dos dábamos clases de finanzas. Nuestra iglesia estaba muy abierta a que la gente impartiera clases, ya que tenían un ministerio de enseñanza muy activo. Pude impartir un curso llamado "Experimentar a Dios". También creé un curso llamado "Encuentra el Propósito de tu Vida".

Ese fue el comienzo para mí y mi investigación para ayudar a la gente a comprender lo que se supone que deben hacer con sus vidas. Conocía a muchas personas que eran infelices en su trabajo, que no encajaban con lo que hacían. No veía ninguna formación formal disponible para ayudar a las personas a averi- guar para qué habían sido creadas. Por eso creé el curso, y por eso intenté enseñar a otros lo que yo había aprendido. He traba- jado en este proyecto durante diez años, y finalmente he deci- dido plasmarlo en un libro.

La vida iba bien, pero era muy difícil. Mi mujer se quedaba en casa con los niños mientras yo trabajaba. Dejé el trabajo en

Albemarle y acepté otro en Charlotte haciendo gestión de casos. Cuando nuestros hijos tenían unos cuatro o cinco años, nuestro matrimonio empezó a resentirse. El estrés de criar a los niños, trabajar y cuidar a personas discapacitadas en casa nos pasó factura. Nuestra comunicación e intimidad se vieron afectadas, y yo tenía dificultades para abordar los conflictos. Nunca he sido una persona que maneje bien los conflictos; tiendo a aislarme y a retraerme. Decidí satisfacer mis necesidades de formas que no eran sanas. Recurrí a Internet para buscar cosas que no eran sanas ni conducían a una buena relación. Cuando mi mujer lo descubrió, estuvo a punto de poner fin a nuestro matrimonio.

Busqué el perdón e hice todo lo posible por tratar de solucionar nuestros problemas mediante asesoramiento psicológico, grupos de apoyo y asumiendo responsabilidades durante el año siguiente, pero fue en vano.

A principios de 2008 empezó para mis hijos una larga batalla de tres años que lo cambió todo. Quería luchar para formar parte de su vida, ya que mi padre no formaba parte de la mía. Me costó miles de dólares. Sólo pude ver a mis hijos durante los primeros seis meses bajo supervisión por las cosas que se decían de mí. Sacaron a mis hijos de mi casa y los examinaron médicamente basándose en esas acusaciones.

Luché como una loco para revelar la verdad y recuperar a mis hijos. Al final me absolvieron de todos los cargos y me concedieron la custodia compartida en 2011. Durante esa época difícil, aproveché todas las oportunidades que tuve para pasar todo el tiempo que me permitieron con mis hijos. Gracias a ello, pude mantener una buena relación con ellos, a pesar de lo que se decía de mí. He mantenido esa relación hasta el día de hoy.

En todo esto, el mayor impacto, aparte del fin de mi matrimonio, fue el número de amigos que perdí. Tras el descubrimiento de lo que había estado mirando en el ordenador, me sometí a los dirigentes de la iglesia en busca de ayuda. Una vez hechas las acusaciones, el apoyo de la iglesia y de mis amigos desapareció de repente. Tardé años en superarme del abandono de mi iglesia.

Casi nunca quería volver a ir a la iglesia. El lado positivo fue que me obligó a examinar lo que era y lo que no era la iglesia. Para mí, no es un edificio, y no es sólo un lugar donde la gente se reúne. Es más bien un hospital espiritual al que la gente acude para encontrar aceptación y ser curada.

Comparto esto contigo para demostrarte que, incluso cuando intentamos hacer las cosas bien, la vida puede lanzarnos algunas bolas curvas. La gente nos traicionará y nos defraudará. Todo esto forma parte del plan de Dios. ¿Me equivoqué al haber estado mirando algo que no debía? Sí. ¿Pero continué? No. ¿Y busqué ayuda? Sí. ¿Sirvió para salvar mi matrimonio? No. ¿Cambió algo en mí y me motivó para buscar el perdón y la curación? ¡Sí! ¿Se me trató con justicia por las indiscreciones? No lo creo, pero la vida no es justa, y citando a una amiga: "¡Es hora de ponerse las medias de niña grande!". (pero en mi caso, eran calzoncillos de chico grande).

Tras nuestra separación, estuve mucho tiempo en modo supervivencia, tomándome las cosas día a día. Me habían arrancado toda la vida, y las cosas que más me importaban habían desaparecido. Pero, por lo menos, soy un superviviente; es una de las cualidades que heredé de mi madre. Si no tuviera a mis hijos por los que luchar, no puedo decir que hubiera tenido la misma determinación. Me hirieron gravemente, ¡pero no he acabado!

Tuve la oportunidad de hacer lo que mi padre no había hecho, e iba a hacer lo que hiciera falta para recuperar a mis hijos, que pudieron decir que su padre nunca dejó de luchar por ellos. Las cosas que aprendí, aunque dolorosas, superaron con creces las experiencias negativas.

Me volqué en mi trabajo como mecanismo de supervivencia. Tuve la oportunidad de crear una empresa con un conocido. El estado estaba permitiendo que los proveedores privados entraran en la red para prestar servicios a las personas con discapacidad. Nuestra empresa creció. Estaba entusiasmado, pero empezaba a tener algunas preocupaciones éticas. Uno de mis puntos fuertes, o débiles, como quieras verlo, es que soy muy confiado y siempre intento ver lo mejor en los demás. En este caso, confié en las personas equivocadas de mi empresa y, como resultado, me vi obligado a abandonar el negocio. Esto resultó ser una bendición, ya que el estado empezó a permitir que los proveedores de la red prestaran servicios de gestión de casos. Lo solicité y me aceptaron. Covenant Case Management Services, nació en 2010.

Aunque no asistía a la iglesia, no culpaba a Dios por las decisiones de algunos de Sus seguidores. Mi relación con Él seguía siendo fuerte. Mi empresa creció rápidamente. En 2014 contraté más personal. Ahora tenemos cerca de doscientos empleados con sedes en veintiocho condados. Pasamos de unos ingresos de $1 en 2010 a más de $5.000.000 en 2019.

Cuando el estado se hizo cargo de la atención sanitaria gestionada, tuvimos que rellenar una solicitud para que se nos considerara una agencia de guía comunitaria. Como defensor, fui a Raleigh plenamente consciente de que el proyecto de ley que se había promulgado no permitía a las organizaciones de atención gestionada hacer una solicitud de propuesta. La ley establecía claramente que todas las agencias privadas de gestión de casos pasarían a formar parte de la red de prestación de servicios de guía comunitario. Rellené la solicitud de propuesta y la presenté a la organización de asistencia gestionada (MCO) de Mecklenburg para descubrir que Covenant no había sido elegida. Contraté a un abogado, que remitió una carta a las MCO informándoles que, si no cumplían la ley y permitían que Covenant y las demás agencias que prestaban anteriormente servicios de gestión de casos entraran en la red, se emprenderían nuevas acciones legales. Poco después, Covenant obtuvo un contrato con ambas MCO para prestar servicios de guía comunitario.

Es importante, en el contexto de la comprensión de nuestro propósito, cómo los acontecimientos de nuestra vida, especialmente los que no podemos controlar, ayudan a guiarnos. A pesar de estos tiempos difíciles, he dedicado gran parte de mi tiempo y esfuerzo a estar con mis hijos. Mi intenso amor por mis hijos me hizo vencer mi miedo a la confrontación y mis tendencias a complacer a la gente. Aprendí a luchar por lo que creía. Eso pronto se trasladó a mi carrera, ya que luché por causas por las que merecía la pena luchar, sin importar las consecuencias. Reconocí que no es tanto el acontecimiento lo que nos define, sino cómo respondemos a ese acontecimiento.

Tras la separación de mi mujer y mis hijos, tuve la oportunidad de acoger a un chico al que diagnosticaron necesidades especiales. Se trataba de un caso poco habitual, ya que en aquel momento estaba al cuidado de un familiar, y él mismo había tenido una infancia dura. Ese chico fue mi salvación durante ese tiempo difícil. A menudo, Dios nos envía personas a las que podemos ministrar y que también nos ministran a nosotros. He tenido el honor y el privilegio de cuidar de este joven durante 13 años, y lo considero mi hijo. Después de tres años de procedimientos de custodia, que culminaron con la custodia compartida, era un padre soltero que criaba a una niña de siete años, a un niño de ocho y a un niño de once con necesidades especiales. Un reto, sí, pero me encantaba. A lo largo de los años, muchas personas con discapacidad han vivido en mi casa, y las he cuidado como si fueran mías. Tomé esa decisión porque tenía claro que era mi vocación, y fui fiel a ella. La pérdida que experimenté como joven que creció sin padre me ha ayudado a ser el "Padre" de los demás.

¡Cuando nos comprometemos con la obediencia del hacer, llega la recompensa, que es paz, alegría, plenitud y amor! A medida que mis hijos han ido creciendo He intentado ser fiel a mi propósito en sus vidas. Tengo un mensaje colgado en mi cocina, y lo leo todos los días para recordarme mi responsabilidad como administrador de mis hijos. Dice así:

*Soy un padre bueno y cariñoso que vive su pasión y propósito de enseñar sabiamente, aconsejar, amar, reír, servir y disfrutar de mis hijos.*

A medida que he tratado de comprender mejor el papel de Dios para mí y de que Él me revele mi vocación, ese propósito sigue desarrollándose. Hace años, cuando hice ese plan de vida, se reveló la mano invisible de Dios obrando en mi vida para dirigirme hacia el trabajo con discapacitados. Como he hecho eso durante casi 30 años, ahora Él está trayendo de vuelta algo que empezó en mi corazón hace casi 15 años: ayudar a otros a encontrar su propósito en la vida.

Covenant Case Management Services es la empresa de Dios. Hemos pasado de servir a una familia en 2010 a servir a casi cuatrocientas en 2019. Ahora podemos ministrar a muchos. Me siento humilde ante lo que Él ha hecho. Dios me dio una visión hace 10 años de lo que Él quería. He intentado ser fiel a esa visión, y ahora se ha hecho realidad.

Como he dicho antes, Dios sabe lo que hemos de hacer y ser, incluso antes de que nazcamos. Tiene un propósito, y si miramos hacia Él, nos la mostrará. Si escuchamos y obedecemos, Él cumplirá Su propósito en nuestras vidas: la razón por la que fuimos creados. Dios ha bendecido a Covenant y a las familias a las que servimos. Me ha ayudado a incorporar empleados que trabajan con corazones y pasiones acorde a lo que siento. Estoy trabajando para dirigir a los demás a buscarle a Él. Quiero ayudarles a identificar sus dones, talentos, puntos fuertes y pasiones, y ponerlos a trabajar donde utilicen estos dones para crecer y prosperar.

Si hago algo que amo y para lo que estoy llamado, tengo éxito, y esto me ha llevado por otro camino. Dada mi desilusión con la Iglesia, decidí utilizar esa experiencia, no para criticar o condenar, sino para servir. Formé un grupo sin ánimo de lucro conocido como El Proyecto Nehemías, Pacto de Amor. Esta idea surgió de mucha oración y estudio del Libro de Nehemías.

Para resumir la historia, Nehemías, judío, era escanciador del rey Artajerjes de Persia hacia el año 444 a.C. Su ciudad natal, Jerusalén, estaba en ruinas tras la destrucción de la muralla por sus enemigos. Los judíos acababan de ser liberados del cautiverio, y Nehemías estaba triste por el estado de su casa. Su maestro vio su dolor y le preguntó cómo podía ayudarle. Pidió que se le permitiera volver y colaborar en la reconstrucción del muro y ayudar a restaurar la ciudad. El rey lo permitió y pagó la empresa. A través de muchas dificultades por parte de sus enemigos, Nehemías y los demás judíos restauraron la muralla y la ciudad a su antigua gloria.

Había siete torres en Jerusalén que había que restaurar. Dios me reveló el significado simbólico de esta historia dada la condición actual de nuestras ciudades modernas. Me ayudó a ver que cada torre representa un área de nuestra sociedad que está rota y necesita ser sanada: los ancianos, los veteranos, los que luchan contra la adicción, los discapacitados intelectuales y físicos, los que sufren problemas de salud mental, los sintecho y las madres maltratadas con hijos en situación de riesgo. El año pasado, el Proyecto Nehemías empezó a servir a estas torres primero en el condado de Stanly, Carolina del Norte, y finalmente en todo el estado:

*Nuestra misión: Satisfacer las necesidades de quienes sufren y están dolidos en nuestra comunidad. Lo hacemos amando, apoyando, orientando y sirviendo para dar esperanza y un sentido de finalidad dentro de su comunidad.*

*Nuestra Visión: Ver a nuestra comunidad reunida en amor y unidad mediante actos de servicio hacia los demás que restauren y traigan sanación para reconstruir nuestra comunidad.*

*Nuestro Propósito: Reconstruir, restaurar y sanar nuestra comunidad uniéndonos y sirviéndonos unos a otros en un espíritu de amor, bondad y compasión.*

En lugar de trabajar únicamente con la iglesia, hemos optado por trabajar con ella y con otros socios de la comunidad que tienen un corazón para los que están en cada una de las torres.

De este modo, nos unimos para ayudar a restaurar la comunidad, como hizo Nehemías en su tiempo. Este tipo de esfuerzo comienza con el deseo de un corazón de servir y ministrar, y va seguido de un corazón apesadumbrado que quiere hacer algo al respecto. Requiere un corazón obediente para ir y hacer el trabajo. Y lo que es más importante, se necesita un corazón humilde para permitir que Dios ayude en el proceso.

Recientemente, se me ha dado la oportunidad de tener mi propio programa de televisión llamado "On Purpose with Paul" (A Propósito con Paul, que se puede ver visitando *nowmedia.tv/on-purpose*). Me permite no sólo contar mi historia, sino que permite a otros contar su historia de cómo están descubriendo el propósito de Dios en su vida.

En este capítulo, he querido compartir la historia de Tim, así como alguna parte de las mía. En las páginas que siguen, pretendo darte las herramientas que puedes utilizar para empezar a descubrir cuál es tu vocación. Las herramientas te ayudarán a encontrar tus puntos fuertes, tus pasiones, tu temperamento o inclinación, tus dones espirituales, tu tipo y estilo de personalidad y tu experiencia general. Juntos, todos estos atributos confluirán para convertirte en la persona asombrosa que Dios quiere que seas.

# CAPÍTULO 2
# ¿POR QUÉ ESTAMOS AQUÍ?

Las personas se preguntan por el significado de nuestra existencia desde que estamos vivos. Puesto que todo lo creado tiene una finalidad, ¿por qué no los seres humanos? Un martillo se creó para golpear cosas. Un manzano se creó para producir fruta. Una vaca fue creada para producir leche.

Dependiendo de lo que creamos respecto al origen de la raza humana, las respuestas variarán. No utilizaré este capítulo para debatir las teorías relacionadas con la evolución frente al creacionismo, pero sabiendo que nosotros mismos somos creadores, parece razonable creer que también fuimos creados. Si no fuimos creados, ¿cómo podemos tener un sentido o un propósito para nuestras vidas? Tiene que haber algún diseñador inteligente entre bastidores con un plan. Así que, en aras de la coherencia, vamos a suponer que fuimos creados. No entraré en la tan debatida cuestión del origen del hombre, sólo diré que tiene sentido que quienquiera que nos creara tuviera un propósito en mente para satisfacer alguna necesidad en el mundo.

"Conócete a ti mismo" es un antiguo aforismo griego. Para comprender mejor la finalidad de algo, primero debemos estudiarlo. Por ejemplo, para poder utilizar correctamente una sierra circular eléctrica, debo entender cómo funciona. Siempre es mejor leer el manual de instrucciones para asegurarme de que sé cómo montarla y cómo utilizarla con seguridad. Si sigo las instrucciones, es razonable suponer que podré utilizarla con éxito.

Aunque no somos herramientas eléctricas, somos seres creados, y creo que también nosotros venimos con un manual de instrucciones. Se llama Biblia, y si seguimos correctamente estas instrucciones, podremos conocernos a nosotros mismos: todas sus partes, el propósito de nuestro Creador al crearnos y lo que debemos hacer en nuestra vida para cumplir ese propósito. También tenemos algo útil dentro de nosotros: nuestra intuición. Algunas personas están más dotadas que otras para seguir su intuición. Tu intuición es tu "saber" interior. Uno de mis versículos favoritos está en Romanos:

> *Así que, hermanos, os ruego por las misericordias de Dios, que presentéis vuestros cuerpos en sacrificio vivo, santo, agradable a Dios, que es vuestro culto racional.No os conforméis a este siglo, sino transformaos por medio de la renovación de vuestro entendimiento, para que comprobéis cuál sea la buena voluntad de Dios, agradable y perfecta.*
> -Reina Valera 1960, Romanos 12:1, 2

Esto tiene todo que ver con rendirse al "propósito superior". Deepak Chopra se refiere a esto como la "ley del desapego", o dejar ir el resultado. Cuando nos rendimos, el resultado aparecerá tal y como estaba previsto. Esto se aplica a las relaciones, al dinero y a todo lo demás que nos encontramos en la vida.

Los humanos son probablemente las únicas criaturas que se han creado que no son conscientes de forma innata de su propósito incorporado. Me pregunto ¿Por qué será? Permíteme que teorice un momento. Haciendo referencia al relato original de la creación, creo que Adán y Eva sí tenían al principio ese sentido innato de finalidad (Reina Valera 1960, Génesis 1:28)

*Y los bendijo Dios, y les dijo: Fructificad y multiplicaos; llenad la tierra, y sojuzgadla, y señoread en los peces del mar, en las aves de los cielos, y en todas las bestias que se mueven sobre la tierra".*

Sabían que habían sido creados para tener una relación íntima con Dios y cuidar de las cosas que Él había hecho para ellos. Cuando quebraron esa relación íntima con Dios, se les ocultó su sentido del propósito.

No nos haríamos preguntas sobre el sentido de nuestra existencia si no creyéramos que existe. Creo que Dios nos creó para tener una relación con Él y para adorarle. Según la Biblia, cuando Le buscamos, Le encontramos. Al encontrarle, encontramos nuestro sentido de la finalidad. Afortunadamente, Dios es mucho más sabio que nosotros y nos conoce mejor que nosotros mismos. Conoce el gran don que ha infundido en cada uno de nosotros. Eso no significa que lo haga fácil. He aprendido que todo lo que resulta fácil no es digno de conocerse, porque no se apreciará. Dios exige que nos comprometamos a conocerle y a intentar conocernos a nosotros mismos más que a ninguna otra cosa. Como se dice en uno de mis pasajes favoritos:

*"Jesús le dijo: Amarás al Señor tu Dios con todo tu corazón, y con toda tu alma, y con toda tu mente. Este es el primero y grande mandamiento.*

*Y el segundo es semejante: Amarás a tu prójimo como a ti mismo".*
    -Reina Valera 1960, Mateo 22:37-39

Cuando le amamos con todo lo que somos, y amamos a los demás como nos amamos a nosotros mismos, Dios revelará Su propósito para nuestras vidas. Nuestro propósito en la vida está directamente relacionado con la capacidad de amarnos y servirnos los unos a los otros, basándonos en los dones, talentos y pasiones que Dios nos ha dado. ¿Por qué estamos aquí? Simplemente para cumplir el propósito de Dios:

*"Porque a la verdad David, habiendo servido a su propia generación según la voluntad de Dios, durmió, y fue reunido con sus padres, y vio corrupción".*
-Reina Valera 1960, Hechos 13:36

Jesús es el ejemplo perfecto: no sólo sabía por qué había sido creado, sino que sabía lo que debía hacer cada día, aunque eso significara entregarse a sus enemigos para que lo mataran. Su sacrificio era su propósito último. Jesús tenía una comunión total con Dios Padre:

*"Porque yo no he hablado por mi propia cuenta; el Padre que me envió, él me dio mandamiento de lo que he de decir, y de lo que he de hablar".*
-Reina Valera 1960, Juan 12:49

También:

*"Respondió entonces Jesús, y les dijo: De cierto, de cierto os digo: No puede el Hijo hacer nada por sí mismo, sino lo que ve".*
-Reina Valera 1960, Juan 5:19

No tenemos la capacidad de conocer el futuro, pero ¿no estaría bien estar preparados para lo que ocurra? En algunos aspectos, podemos estarlo. Creo firmemente que Dios conoce todo el pasado, el presente y el futuro simultáneamente, puesto que existe fuera del tiempo. Sabe cómo será el mañana, y si sigo esa lógica, reconozco que es un Dios amoroso y quiere ayudarnos a prepararnos para lo que está por venir.

# CAPÍTULO 3
# ¿QUÉ ES EL "PROPÓSITO" Y CÓMO SE RELACIONA CON NOSOTROS?

Me gustaría empezar con una cita del filósofo del siglo II, Patanjali:

*"Cuando te inspira algún gran propósito, algún proyecto extraordinario, todos tus pensamientos rompen sus ataduras, tu mente trasciende las limitaciones, tu conciencia se expande en todas direcciones y te encuentras en un mundo nuevo, grande y maravilloso. Las fuerzas, facultades y talentos dormidos cobran vida, y te descubres como una persona mucho más grande de lo que jamás habías soñado ser".*

El propósito nos da sentido a nuestras vidas. Alimenta nuestra pasión por lo que amamos y nos motiva para servir a los demás. Con demasiada frecuencia no encontramos el propósito porque lo buscamos fuera de nosotros mismos. Lo buscamos comparándonos con los demás, o queriendo ganarnos la aprobación de los demás.

Creo que Dios permite que los retos nos hagan más fuertes. Hacer ejercicio con pesas es un buen ejemplo. Si una persona quiere parecer musculosa, debe hacer ejercicio. El simple proceso del entrenamiento con pesas desgarra los músculos para fortalecerlos. Si una persona es disciplinada, alcanzará sus objetivos de forma física.

No es diferente cuando persigues tu propósito. Para utilizar otro ejemplo práctico, como ya he mencionado, comparo el propósito con tu GPS interior. Una vez que conoces tu propósito, fijas tu destino y sigues las instrucciones para llegar adonde quieres ir. Por desgracia, muchas personas no conocen su destino, por lo que les cuesta dar ese primer paso. Utilizando una cita del filósofo alemán Federico Nietzsche, "Aquél que tiene un porqué para vivir, puede soportar casi cualquier cómo".

El Dr. Viktor Frankl, superviviente del Holocausto, escribió un libro titulado *El Hombre en Busca de Sentido* tras su horrible experiencia en un campo de concentración alemán. Buscó la razón por la que él y otros sobrevivieron, cuando todos sus amigos y familiares habían perecido. Se aferró firmemente a la creencia de que su vida tenía sentido y propósito, y eso fue lo que le hizo seguir adelante. Su sentido de propósito surgió del crisol de su sufrimiento, y el mundo ha sido bendecido para siempre gracias a ello.

La historia está llena de ejemplos de hombres y mujeres que entregaron sus vidas a su propósito o misión superior. Mientras servía como monja en Calcuta, la Madre Teresa atendía a los pobres y moribundos. Todos los que la conocieron pueden afirmar claramente que vivió su vocación -su propósito- en la vida. Su sacrificio es inspirador, pero cuando descubrimos nuestro propio propósito y nos comprometemos plenamente con él, no hay sacrificio. Servir a los pobres proporcionó a la Madre Teresa una alegría increíble.

Martin Luther King Jr. era ministro de profesión y nació en un momento en que el mundo le necesitaba. Fue fiel a la llamada de Dios para ser la voz de los oprimidos. También él se sacrificó física y mentalmente por su propósito. Gracias a él, el país dio un gran paso hacia la igualdad racial.

Es fácil decir: "Bueno, yo no soy la Madre Teresa ni MLK Jr". Pero sabes que probablemente dijeron lo mismo en algún momento de sus vidas. No nos han puesto aquí para ser grandes; nos han puesto aquí para encontrar nuestro propósito y servir a los demás, y aunque nunca deberíamos perseguirlo, a veces la grandeza es la recompensa.

La verdadera grandeza no debe medirse por los elogios que recibimos de los demás ni por la acumulación de riqueza, sino por el valor de nuestro servicio a los demás. La Madre Teresa no perseguía la riqueza material ni la fama. Simplemente tenía compasión y el deseo de servir a sus semejantes. Hay muchos que viven verdaderamente su propósito, y los considero mis héroes. Tony Robbins y Jack Canfield han conseguido elogios y riqueza, pero sólo después de dejarse la piel, descubrir su propósito y servir a los demás ayudándoles a convertirse en la mejor versión de sí mismos.

La clave del éxito es reconocer que tu principal objetivo en la vida es ser el mejor "tú" que puedas ser. Eso no significa que todo gire en torno a ti, pero si realmente queremos amar a los demás y servirles, entonces debemos amarnos primero a nosotros mismos. Esto se alimenta del amor supremo, que procede de nuestro Creador. Si crees que Dios no hace basura, entonces estamos obligados a amarnos a nosotros mismos.

Al examinar algunas de las herramientas que utilizarás para descubrir tu propósito, muchos de nosotros nos veremos obligados a curar viejas heridas. No podemos conformarnos con lo que nuestro padre, nuestra madre o cualquier otra persona haya dicho de nosotros. A menudo permitimos que palabras hirientes nos definan. Nos encontramos lejos del propósito original de Dios porque nos desvió del camino un cuidador malsano que nos hirió o dañó. La importancia de curarte a ti mismo y de encontrar tu identidad es vital en tu búsqueda del propósito.

Personalmente, empecé a crecer cuando dejé de culparme de lo que me había ocurrido. Reconocí que, por mucho que mi madre y los demás me quisieran, tenían sus propios problemas. Lo hacían lo mejor que podían. Lo que yo fuera a creer sobre mí mismo tenía que coincidir con la verdad. Aprendí hace mucho tiempo que mis sentimientos no siempre eran los indicadores más fiables de la verdad. También reconocí que muchos de esos sentimientos no eran más que proyecciones de mis miedos más íntimos.

Como cristiano, tenía que tomar una decisión. Iba a creer lo que Dios decía o no. Intenté verlo de forma racional, lógica y emocional. Tuve en cuenta todo lo que Dios había hecho por mí, primero al crearme con un sentido de propósito, y también al salvarme de mis elecciones autodestructivas en la vida. Me puso en el camino del autodescubrimiento al permitirme descubrir quién era Él.

Simplemente decidí que, si Dios me había creado, debía de tener una razón. Mi responsabilidad era encontrar esa razón. Este libro trata de ese descubrimiento. Aquél que tiene un porqué para vivir, puede soportar casi cualquier cómo. Creo que Dios nos revelará todas las cosas. Cuando el alumno esté preparado, aparecerá el maestro.

# CAPÍTULO 4
# LA BÚSQUEDA DE RESPUESTAS

Como he dicho antes, creo que todos nacemos con ciertos dones y talentos. Los comparo con regalos de Navidad o de cumpleaños que aún no se han abierto. Buscar las respuestas es como abrir el regalo y descubrir lo que hay dentro. En la vida, no es tan rápido ni tan fácil. También se nos da un temperamento y una personalidad determinados. Si desarrollamos nuestros dones, pueden convertirse en herramientas que nos lleven a las respuestas.

No hay dos personas iguales, ni siquiera los gemelos. A menudo, cuando nacemos, podemos ser etiquetados como un bebé bueno o un bebé llorón en función de nuestro comportamiento. Opiniones como ésa pueden reforzar nuestras propias creencias sobre nosotros mismos, creencias que pueden ser ciertas o no. Queremos complacer a nuestros cuidadores principales para recibir el amor y la atención que necesitamos. Algunos niños son más rápidos en comunicación o movilidad. Algunos niños tienen talentos naturales para el arte, la música o los deportes. Algunos niños pueden no mostrar sus dones innatos enseguida. A veces, esos dones naturales son indicadores de nuestro propósito. Deberían tenerse en cuenta al evaluar los demás elementos que abordaremos en este libro.

Existen varias evaluaciones de aptitudes que pueden ayudarnos a identificar nuestras capacidades naturales. Personajes históricos como Miguel Ángel y Leonardo da Vinci tenían aptitudes para el arte, mientras que Mozart y Bach las tenían para la música. Cuando se descubren esos dones naturales, hay que perseguirlos si aportan alegría a la persona. A veces las personas se apartan de sus dones naturales si se les explota o se les presiona demasiado. Como resultado, nunca son capaces de utilizar su don en todo su potencial.

Esto se aborda en Proverbios:

*"Instruye al niño en su camino, y aun cuando fuere viejo no se apartará de él".*
-Reina Valera 1960, Proverbios 22:6

Nosotros, como padres, podemos ver un don natural en nuestro hijo, y debemos fomentarlo. Pero nunca se debe presionar demasiado a un niño, o puede desalinearse de su propósito. En mi libro *Success Redefined*, comparto los cuatro elementos del éxito. Allí hablo de la importancia de tener una visión, un sentido del propósito, estar alimentado por la pasión e impulsado por el amor. Esos cuatro elementos te llevarán al éxito.

Una de las claves para comprender tu propósito, si tienes aptitudes naturales, es alimentar la pasión y el deseo de utilizar tu don. Miguel Ángel y Leonardo da Vinci no sólo tenían talento, sino que sentían pasión por lo que hacían. Hablando de su escultura de un ángel, dijo: "Vi al ángel en el mármol y esculpí hasta liberarlo".

A menudo se cree que el éxito se encuentra en quienes tienen una gran inteligencia, pero en lo que se refiere al propósito, no siempre es así. Aunque la inteligencia a veces desempeña un papel, no es el único factor. Tanto Einstein como Edison tuvieron una educación formal mínima. Edison sólo asistió a la escuela durante cuatro meses, y luego recibió clases de su madre. Los instructores de Einstein creían que tenía problemas de aprendizaje. Predijeron que no lograría mucho intelectualmente. Ambos hombres son genios conocidos. Aunque destacaron intelectualmente, dejaron huella en sus campos más por su sentido del propósito, su curiosidad y su pasión.

Cuando buscamos respuestas, Dios nos da pistas. En el último año, Dios me ha dado mis propias piezas del rompecabezas para guiarme en mis esfuerzos por ayudar a los demás. Estas piezas de rompecabezas me acercan a la imagen completa. Por ejemplo, Dios me condujo al libro de Nehemías. Al leer la historia de Nehemías reconstruyendo la ciudad, Dios me guio para que diera a mi organización sin ánimo de lucro el nombre de Proyecto Nehemías, Pacto de Amor. Encontramos pistas del "pacto de amor" en Nehemías 1:5. Reveló que cada una de las siete torres representaba una gran necesidad en cada comunidad que estaba en mal estado: ancianos, veteranos, personas que luchan contra la adicción, discapacitados intelectuales y físicos, personas que sufren problemas de salud mental, personas sin hogar y madres maltratadas con sus hijos en situación de riesgo. Al igual que Nehemías trabajó codo con codo con los israelitas para reconstruir el muro, el Proyecto Nehemías une a las personas para reconstruir sus comunidades.

Una vez revelada la gran visión de Dios, recé para que me guiara.

Hace varios años, una amiga me invitó a su iglesia de Albemarle. Me lo había pedido varias veces, pero no había podido asistir debido a una abarrotada agenda. Un domingo en particular, me sentí obligado a ir, así que me aventuré a ir a la iglesia sólo para descubrir que ella ni siquiera estaba allí. En su lugar, había un orador invitado, el pastor Larry. Lloré al escucharle hablar de su ministerio: trabajar con hombres que luchaban contra la adicción. Este tema me llegaba al corazón, ya que yo había pasado por luchas similares hacía muchos años.

Al día siguiente, conté la historia del profundo impacto que tuvo en mí el pastor Larry con mi equipo en nuestra reunión de oración. Una de mis amigas se quedó boquiabierta. Dijo que el pastor Larry había desempeñado un papel importante en su vida durante una época de dificultades, y que ahora era un buen amigo. Esa misma semana, la madre de la amiga nos habló de una próxima reunión de miembros de la comunidad interesados en ayudar a los que luchaban contra la adicción. Algunos de nosotros asistimos. Mientras estábamos sentados en primera fila, me incliné hacia ella y le dije: "Tu amigo el pastor Larry debería estar aquí". Le envió un mensaje de texto y, mientras tecleaba, levantó la vista y descubrió que estaba sentado detrás de nosotros. Me reuní brevemente con él después de la reunión y le dije que deberíamos ir a comer.

Cuando compartimos nuestras historias, nos dimos cuenta de que teníamos el mismo corazón para servir. Me involucré con algunos de los hombres a los que ministraba, y con el tiempo empecé a asistir a su iglesia. Resumiendo, Dios nos estaba guiando a iniciar nuestro servicio en el área de la adicción. Las pistas que Él dejó lo habían dejado claro.

Conocí a la esposa de Larry, a su hermano y a su cuñada, que asisten a la misma iglesia. Dios me reveló que debía traer a sus esposas con nosotros a Pacto. Más tarde dejó claro que debían ser las directoras del Proyecto Nehemías. Ambas mujeres tenían corazón de siervas y se habían asociado con muchos otros grupos de la comunidad. Estábamos empezando a hacer realidad la visión de Dios.

Entonces Dios nos abrió las puertas para empezar a ministrar a los niños en riesgo de Albemarle. Nos pusimos en contacto con algunas de las escuelas para que nos permitieran pasar tiempo con los niños durante el almuerzo. Queríamos generar confianza con ellos, y esa conexión nos ha permitido ayudar a muchos de los niños y a sus familias con sus necesidades de vivienda, transporte y empleo.

A menudo, Dios ha puesto en nuestro camino personas y suministros que, casualmente, satisfacían las necesidades de aquellos a quienes servíamos. Es emocionante ver cómo Su visión se hace realidad cada día. Dios nos da el plano, y nuestra acción da vida a ese plano. Dios es el arquitecto que traza los planos. Nos guía dándonos esas piezas del rompecabezas a lo largo del camino. Mientras sigamos buscando esas respuestas, la imagen del producto final se irá aclarando. La clave está en coger esa pieza del rompecabezas y colocarla donde corresponda, y luego colocar la siguiente donde corresponda. Cuando confiemos en Él, nuestro camino será claro.

# CAPÍTULO 5

# ¿CÓMO AFECTA LA EXPERIENCIA VITAL A LO QUE SOMOS Y A LO QUE LLEGAMOS A SER?

De maneras que no siempre nos resultan claras, nuestras experiencias vitales influyen directamente en lo que llegamos a ser. Aunque, en gran medida, controlamos las elecciones que hacemos, hay fuerzas en nuestro interior que nos alejan de las buenas elecciones.

He aprendido muchísimo de mi trabajo con quienes viven con discapacidades. Una discapacidad -física, mental o emocional- no define a una persona, del mismo modo que una persona no se define únicamente por su profesión. Existen innumerables historias de hombres y mujeres de éxito que, o bien nacieron con una discapacidad, o bien la sufrieron más tarde. No niego que la discapacidad pueda suponer algunos retos, pero también puede brindar oportunidades.

Uno de los mayores dones que Dios nos ha dado es el poder de elegir. Incluso cuando ocurren cosas malas, podemos elegir cómo responder. Nuestros sistemas de creencias y actitudes desempeñan un papel vital en nuestra perspectiva de la vida. Muchas personas que han sufrido tragedias indecibles no se permitieron hacerse las víctimas y culpar a los demás. Eso sólo nos deja impotentes para cambiar. En lugar de eso, lo tomaron como una oportunidad. Aunque Dios no desea que nos hagan el mal, puede utilizar lo ocurrido para ayudarnos a crecer.

Una de las mayores ilustraciones históricas de este concepto se encuentra en Génesis 37-50. José era hijo de Isaac, y estaba dotado de la capacidad de interpretar sueños. Era el favorito de Isaac, el primogénito de su amada esposa Raquel. Los hermanos de José estaban celosos. Odiaban a José e intentaron matarlo, pero decidieron venderlo como esclavo. Le dijeron a su padre que lo habían matado. Durante muchos años, José fue esclavo; le acusaron falsamente y le encarcelaron. Pero Dios siguió velando por él, y José encontró el favor de sus amos. Al cabo de muchos años, fue liberado y, debido a su habilidad y sabiduría, lo pusieron en un alto cargo, segundo al mando del faraón de Egipto. Una vez al mando, tuvo la opción de vengarse de sus hermanos, pero no lo hizo. Sabía que lo que ellos pretendían para mal, Dios lo había querido para bien. Dios pudo salvar a los judíos de la hambruna bajo el liderazgo de José. Nada de eso habría sido posible si sus hermanos no hubieran hecho lo que hicieron.

Así que, en medio de nuestro sufrimiento, puede que no conozcamos el resultado final. Pero si somos obedientes y sensibles y estamos dispuestos a aprender de la experiencia, puede que nos demos cuenta de que lo que estamos experimentando es en realidad un regalo para prepararnos para lo que Dios ha planeado para nuestro futuro. No debemos amargarnos con quienes nos agravian. Sin perdón, quedamos presos en el odio y somos incapaces de aprender y crecer. Si en lugar de enfadarnos buscamos la oportunidad, seremos mejores por ello.

Helen Keller no sólo era sorda, sino también ciega y muda. Para un observador externo, estaba completamente aislada del mundo. A una edad muy temprana, debido a su gran discapacidad, parecía inalcanzable. Si no hubiera sido porque sus padres y su maestra, Anne Sullivan, creyeron en ella y en los dones que Dios le había dado, el mundo nunca habría sido bendecido por ella.

Helen Keller superó sus dificultades para convertirse en una de las líderes inspiradoras más famosas del siglo XX. Nació el 27 de junio de 1880 en Tuscumbia, Alabama. Una enfermedad a los dos años la dejó ciega, sorda y muda. Sus padres contrataron a Anne Sullivan como tutora de Helen cuando ésta tenía siete años, tras haber luchado durante años para comunicarse con ella. Con la ayuda y la paciencia de Anne, aprendió a comunicarse y, con el tiempo, incluso a hablar.

Con la ayuda de Anne, Helen pudo continuar su educación y asistir a una escuela para sordos. En 1896 asistió a la escuela de Cambridge para señoritas, y pronto adquirió notoriedad por su capacidad para superar los obstáculos de su vida. Finalmente asistió a la universidad de Radcliffe, donde se graduó Cum Laude. Escribió libros, viajó al extranjero y dio muchas conferencias públicas. Fue una firme defensora de los discapacitados. Recibió la Medalla de la Libertad en 1964 y fue elegida miembro del Salón de la Fama de la Mujer en 1965. Obtuvo doctorados honoris causa de la Universidad de Temple y de Harvard. Su vida ejemplar es un poderoso testimonio de cómo la determinación, el trabajo duro y la imaginación pueden triunfar sobre la adversidad.

Otra persona a la que admiro es Napoleón Hill. Ha desempeñado un papel importante en ayudarme a creer que todo es posible. He sido alumna suya durante muchos años y he leído, escuchado, releído y he vuelto a escuchar su material hasta que se ha convertido en parte de mi subconsciente. Es sobre todo conocido por su exitoso libro *"Piense y Hágase Rico"*. Me encanta y recito a menudo una de sus famosas citas: "Todo lo que la mente del hombre puede concebir y creer, se puede conseguir".

He encontrado la forma de hacer mía esa cita: "Todo lo que la mente de Paul puede concebir y creer con el poder ilimitado de Dios, por la fe, Paul puede conseguirlo". Dios nos ha dado muchos grandes dones, uno de los cuales es nuestra mente. Muy pocos de nosotros utilizamos ese don sabiamente. A menudo somos esclavos de nuestras emociones y circunstancias. En cierto sentido, nuestras mentes son el vínculo y la conexión más estrechos que tenemos con Dios. Como Dios es espíritu, no se comunica necesariamente como nosotros. Mi creencia es que Dios no sólo se comunica a través de Su palabra, la Biblia, sino a través de Su espíritu con nuestro espíritu, que, en la mayoría de los casos, es nuestra mente. Estamos llamados a tener la mente de Cristo:

*"Porque ¿quién conoció la mente del Señor? ¿Quién le instruirá? Mas nosotros tenemos la mente de Cristo".*
    -Reina Valera 1960, 1 Corintios 2:16

La mente es una parte poderosa de lo que somos, y puede utilizarse para traernos tanto el éxito como la destrucción absoluta. A menudo nos convertimos en las mismas cosas en las que pensamos. Puedes atraer circunstancias buenas o malas, en lo que elijas centrarte. Si estás conduciendo y miras a la izquierda, dirigirás tu automóvil hacia la izquierda. Muchas personas nunca consiguen las cosas que quieren porque se centran en las cosas que no quieren, y eso es, de hecho, lo que consiguen.

En la vida de Napoleón Hill ocurrieron ciertas cosas que sentaron las bases de sus decisiones futuras. Perdió a su madre cuando era muy joven. De joven se portaba mal y tenía muy mala reputación entre los demás. Afortunadamente, su padre volvió a casarse y Dios tuvo a bien darle una madrastra cariñosa que vio el bien en Napoleón y le animó a ser mejor de lo que los demás pensaban de él. Le puso en el camino de los logros y le ayudó a creer en sí mismo.

De joven, captó la atención de Andrew Carnegie, que pidió a Napoleón pasar un tiempo con él en su mansión. El Sr. Carnegie hizo una propuesta a Napoleón y le dio menos de dos minutos para aceptarla; si no respondía, la propuesta sería retirada. Sin embargo, el Napoleón no se enteró del límite de tiempo. El Sr. Carnegie le encargó que se reuniera con los hombres más poderosos e influyentes de su época y les entrevistara sobre sus principios de éxito. Se le dijo que lo hiciera a lo largo de 20 años y que, si aceptaba, el Sr. Carnegie le daría cartas de presentación para cada uno de los hombres. Sin embargo, Napoleón no cobraría honorarios por ello; sólo se le pagarían los gastos de viaje.

En ese momento de su vida, Napoleón no tenía mucho a su nombre, aparte de una buena ética de trabajo. El Sr. Carnegie vio algo en él que le hizo creer que, si hacía lo que se le pedía, lograría más y llegaría a ser más famoso que el propio Andrew Carnegie. Napoleón Hill aceptó y fue bendecido, al igual que los millones de personas que han aprendido de sus enseñanzas.

Napoleón se reunió con todos los grandes hombres y mujeres de la lista y documentó sus claves del éxito. Millones de personas se han beneficiado de esta información, incluido yo. En mi estudio de Napoleón Hill, llegué a darme cuenta de que era un gran hombre de fe. Su hijo, Blair, nació sin orejas y, por tanto, era sordo de nacimiento. Cuando Napoleón fue informado por los médicos de la enfermedad de su hijo, descartó absolutamente la idea y afirmó que su hijo tendría algún día una audición del 100%. Cada noche, durante muchos años, Napoleón Hill rezaba por su hijo durante horas y horas, suplicando a Dios que le concediera la audición. Le decía lo mismo a su hijo todos los días y todas las noches. Gracias a su fe inquebrantable, su hijo recuperó un 40% de audición, y años más tarde, con un nuevo audífono, recuperó totalmente la audición. Todo esto era científicamente imposible, ¡porque Blair no tenía oídos! Más tarde, Blair convirtió su discapacidad en una bendición y empezó a trabajar para la misma empresa que le había devuelto la audición.

A menudo podemos elegir utilizar nuestras experiencias para revelar nuestro propósito en la vida. Muchas personas que han sufrido abusos o han luchado contra la adicción han ayudado a otras a superar el dolor que ellas mismas experimentaron en su día, y eso se ha convertido en su misión y propósito en la vida.

# CAPÍTULO 6

# EL PROCESO DE ENCONTRAR NUESTRO PROPÓSITO: BUSCAR EL TESORO PARA ENCONTRAR RESPUESTAS

Todo lo que ha sido creado lo ha sido con un propósito. Nuestro propósito se puede descubrir. La diferencia es que, *cuando* creamos algo, conocemos el propósito que hay detrás. Puesto que no nos creamos a nosotros mismos, es posible que no reconozcamos nuestro propósito de inmediato. Creo que nuestro Creador puede proporcionar las respuestas a nuestra búsqueda. Puede que deseemos que Él nos lo aclare dándonos una serie de instrucciones personalizadas. En cierto modo, lo hace. La Biblia contiene muchas pistas en las escrituras. Pero la única manera de encontrar el propósito que Dios ha ocultado en nosotros es buscarle.

Es como una búsqueda del tesoro. Él nos ha dado pistas, y muchas de las valoraciones que proporciono en este libro son tus herramientas para descubrir cuáles son. Es como la Fiebre del Oro de California a mediados del siglo XIX. La gente lo vendió todo para trasladarse al oeste con la esperanza de descubrir oro, y muchos nunca lo consiguieron. Si más gente pusiera el mismo fervor en encontrar el oro dentro de sí misma, más personas descubrirían su propósito. Por desgracia, muy pocos lo hacen.

Encontrar tu propósito no es fácil, y lleva tiempo. Muy pocas personas tienen la disciplina necesaria para hacerlo. Es más fácil conformarse o permanecer en la ignorancia. Dedicarse al trabajo y descubrir tu propósito es importante por muchas razones. Nuestros dones, talentos, pasiones, personalidades y puntos fuertes nos son dados para que podamos lograr cosas muy concretas a lo largo de nuestra vida. La razón por la que es difícil descubrir nuestro propósito es un principio de la vida y de la naturaleza. Los árboles más fuertes son así porque su lucha para soportar lluvias y vientos fuertes los ha fortalecido. Mi entrenador de gimnasia solía decir con orgullo: "Sin dolor no hay ganancia". ¡Hay algo de verdad en ello!

En la búsqueda, y en la lucha, estamos desarrollando la disciplina y descubriéndonos a nosotros mismos para ser considerados dignos de "Empuñar Excalibur". Nuestra Excalibur es el don de quiénes somos y por qué fuimos creados.

Piensa en el descubrimiento de tu propósito como en una sala de escape. La tarea consiste en escapar resolviendo múltiples enigmas y rompecabezas. Los ganadores son los que resuelven los enigmas en el tiempo asignado. No estoy diciendo que Dios sea un Dios sádico que quiera dificultar nuestra búsqueda. Piensa en por qué la gente practica esos juegos. En primer lugar, la búsqueda de pistas es desafiante y divertida. La huida es la recompensa. En nuestra búsqueda de un propósito, nuestra sala de escape es nuestro mundo. No tratamos necesariamente de escapar, sino de resolver los enigmas de quiénes somos y por qué somos.

Los aficionados a la ciencia ficción quizá recuerden la película *Matrix*. Me encanta esa película por muchas razones, además de por sus geniales efectos especiales. En esa película, existían dos mundos: el mundo real, en el que los humanos luchaban contra las máquinas, y el mundo fantástico, en el que las máquinas creaban un mundo falso que parecía real. El objetivo de los que habían escapado del mundo de fantasía era despertar a la realidad a los que vivían en el mundo de fantasía. El mundo de fantasía parecía maravilloso, pero quienes lo habitaban estaban esclavizados por su ignorancia. Aunque el mundo real era duro y difícil, existía la verdadera libertad. Comparo esa historia con lo que Dios intenta hacer. En *Matrix*, la gente veía Sión como la Tierra Prometida. Es un paralelismo bíblico con la ciudad de Jerusalén. Dios no quiere que permanezcamos ignorantes. Dos versículos bíblicos lo ilustran mejor:

*"Porque lo que de Dios se conoce les es manifiesto, pues Dios se lo manifestó. Porque las cosas invisibles de él, su eterno poder y deidad, se hacen claramente visibles desde la creación del mundo, siendo entendidas por medio de las cosas hechas, de modo que no tienen excusa".*
-Reina Valera 1960, Romanos 1:19-20

*"Teniendo el entendimiento entenebrecido, ajenos de la vida de Dios por la ignorancia que en ellos hay, por la dureza de su corazón".*
-Reina Valera 1960, Efesios 4:18-21

Morfeo le dice a Neo: *"Tomas la píldora azul, se acaba la historia, te despiertas en tu cama y crees lo que quieras creer. Tomas la píldora roja, te quedas en el País de las Maravillas y te enseño hasta dónde llega la madriguera del conejo".*

Podemos elegir la "píldora azul" y permanecer en la ignorancia y luchar por la vida sin saber por qué fuimos creados. O podemos elegir la "píldora roja", buscar la verdad y encontrar nuestro propósito y nuestra realización final. La decisión es tuya.

# CAPÍTULO 7
# CÓMO DESCUBRIR TUS PUNTOS FUERTES

En este capítulo, vamos a examinar tus puntos fuertes y cómo influyen en la comprensión de tu propósito. Como he dicho antes, no hay dos personas idénticas. Cada uno de nosotros posee puntos fuertes y débiles diferentes.

Por desgracia, muchas personas se fijan en sus debilidades para definirse. Nos centramos demasiado en nuestras debilidades o fracasos; si nos los creemos, eso se convertirá en lo que somos. La debilidad desempeña un papel en lo que somos en general, pero en realidad no debería ser un factor para comprender nuestro propósito. Su verdadera función es ayudarnos a ser conscientes de nuestras limitaciones.

Cuando nos centramos en nuestros puntos fuertes, podemos utilizarlos para cumplir nuestro propósito. Los puntos fuertes son tareas o acciones en las que destacamos. Existen varias evaluaciones que pueden ayudarte a identificar tus puntos fuertes. También puedes preguntar a otras personas que te conozcan bien y tengan en cuenta tus intereses. Es importante conocer tus puntos fuertes para poder utilizarlos al servicio de los demás. A menudo realizamos mucho mejor las tareas cuando utilizamos nuestros puntos fuertes. Como en el caso de la Madre Teresa, sus puntos fuertes eran su pasión, amabilidad y compasión, que utilizó para bendecir y servir a la gente de Calcuta.

Muchas personas que utilizan sus puntos fuertes según lo previsto descubren que tienen mucho más éxito en sus carreras y relaciones. Me referiré al material y a los 34 puntos fuertes identificados en la Evaluación de Fortalezas de Clifton. Los temas, que se clasifican en cuatro dominios, son la culminación de la investigación de Don Clifton, que estudió y clasificó los talentos de las personas con más éxito del mundo. Juntos, los temas explican un elemento sencillo pero profundo del comportamiento humano: lo que le *va bien* a la gente. Individualmente, cada tema te ofrece una forma de describir lo que haces mejor de forma natural o lo que podrías necesitar ayuda de los demás para lograr.

Los cuatro dominios son el pensamiento estratégico, la creación de relaciones, la influencia y la ejecución. Hay determinados puntos fuertes que encajan en cada dominio. Proporcionaré una breve descripción de cada uno. Te animo a que visites el sitio web CliftonStrengths, realices la evaluación e identifiques tus puntos fuertes (mis resultados fueron fe, intelecto, conexión, desarrollo e inclusión):

*gallup.com/cliftonstrengths*

Las siguientes descripciones de las Fortalezas de Clifton se encuentran en el libro *StrengthsFinder* de Tom Rath:

## 1. PENSAMIENTO ESTRATÉGICO

### Analítico
Les encantan los detalles y el análisis. Quieren pruebas. En su afán por llegar a la verdad, pueden resultar especialmente desafiantes. Son vitales en cualquier proyecto, ya que desenterrarán los problemas. Son objetivos y pueden parecer desapasio-

nados, porque para ellos se trata de los hechos, no de los sentimientos. Su pasión está en los detalles, los datos y la investigación.

## Contextual

Son los que tienen un pensamiento más reflexivo y miran hacia atrás para comprender mejor el presente. Esto les permite desarrollar la mejor imagen, ya que ven las cosas del pasado por su propósito original.

## Futurista

Estas personas están más orientadas al futuro. Pueden ver el producto acabado proyectándose en el futuro. Esa visión de futuro les ayuda a ver lo que tiene que ocurrir en el presente para que esa imagen se haga realidad.

## Ideador

Estas personas se centran en las ideas. Quieren saber el "por qué" de las cosas. Se emocionan cuando se les ocurre una idea que explica las cosas. Piensan de forma creativa y ven las cosas desde una perspectiva diferente.

## Coleccionador

Estas personas son curiosas. Son coleccionistas, porque les interesa lo que coleccionan. Aprenden mucho, sobre todo con las cosas que les gustan.

## Intelectual

Estos son los pensadores. Les gustan los juegos de reflexión, los rompecabezas desafiantes y los problemas. También pueden ser solitarios, ya que les gusta reflexionar y pensar sobre las cosas y eso lo hacen mejor solos.

## Aprendedor

A estas personas les encanta aprender cosas nuevas y ampliar sus conocimientos. Asistirán a clases para ampliar su formación.

### Estratégico
Su objetivo es llegar al premio o encontrar el mejor camino hacia la solución. Pueden ver el panorama completo. Es el entrenador que se sitúa por encima del campo de fútbol para tener una mejor visión. Pueden ver alternativas y son capaces de cambiar la estrategia cuando es necesario.

## 2. FORMACIÓN DE RELACIONES

### Adaptable
Estas personas viven el momento. Pueden adaptarse a la situación según sea necesario. La flexibilidad es su segundo nombre.

### Conectado
Estas personas ven las cosas desde una perspectiva de interconexión. Creen que todo ocurre por una razón, y que puede haber un propósito superior. Son muy compasivas, cariñosas y tolerantes. También pueden ser personas que confían mucho en la fe.

### Desarrollador
Estos son nuestros animadores. Ven lo mejor de las personas y ven su potencial. Ven las posibilidades. Son optimistas. Los positivos. Quieren ver a los demás triunfar y eso es lo que les motiva. Ayudan a los demás a crecer y son los animadores de los demás para que den lo mejor de sí mismos.

### Empático
Tienen una forma asombrosa de leer las emociones de los demás y de sentir por lo que están pasando. Tienen la capacidad de experimentar la vida en el lugar de los demás y, por ello, son compasivos y cariñosos.

## Armónico

Estas personas son los pacificadores. Intentan encontrar puntos en común para mantener la paz. No les gustan los conflictos y tratan de resolver los problemas pacíficamente. Son respetuosas con los puntos de vista y las opiniones de los demás y buscan la armonía en las relaciones.

## Inclusivo

Estas personas atraen a los demás al grupo y les hacen sentirse aceptados. Aceptan mejor a los demás y sus opiniones porque ellos mismos quieren sentirse aceptados e incluidos. Creen que todos somos iguales.

## Individualizador

Se centran en la singularidad de los demás. Lo que hace especial a cada persona, y lo que les hace ser "ellos". Destacan los puntos fuertes de los demás con regalos o comentarios. Fomentan la singularidad de los demás.

## Positivo

Son los que reparten elogios generosos o animan a los demás. Son positivos y optimistas. Ven el vaso medio lleno y cada vez más lleno. Son desenfadados, disfrutan con la diversión y les encanta reír.

## Afín

Se preocupan por crear mejores relaciones. Les encanta la intimidad, sentirse cerca de los demás y profundizar. Asumen riesgos en las relaciones, pues saben que su franqueza les hace vulnerables a que les hagan daño.

# 3. INFLUENCIA

## Activador

Son los que están en la línea de salida y saltan antes de que suene el pistoletazo. Lo suyo es la acción: si nos encontramos con problemas, lo resolveremos sobre la marcha. Aprenden sobre la marcha.

### Líder

Estos son tus líderes que toman las riendas. Son muy obstinados y no tienen reparos en expresar su opinión. Son capaces de avanzar con valentía por muy sombrío que sea el panorama. Su fuerte liderazgo puede intimidar a los demás, pero la mayoría les seguirá por su confianza y valentía.

### Comunicador

Tienen el don de la palabra. Pueden tomar ideas y conceptos y comunicarlos eficazmente a los demás. Les encanta hablar en público para expresarse y son hábiles para dar vida a las ideas.

### Competitivo

Se fijarán en las actuaciones de los demás para medir las suyas. Son competitivos e intentan superar a los demás en las cosas que se les dan bien. Su mayor éxito es cuando ganan. Se comparan con los demás y ganan energía en la competición. El objetivo es la victoria.

### Maximizador

No se esforzarán más que por la excelencia: el gran triunfador que busca sacar todas las "A", la animadora número uno o el mariscal de campo estrella. Siempre buscan superarse. Éstos son los ambiciosos.

### Confiado

Éstos son los que tienen autoconfianza. Creen en sí mismos y conocen bien sus puntos fuertes. Son los intrépidos, los que se arriesgan y afrontan los retos. Suelen ser muy decididos.

## Significativo

Son los que sólo quieren ser aceptados y gustar. Quieren importar a los demás. Es importante que los demás les vean como dignos e importantes. El deseo de ser aceptados y apreciados es su fuerza motriz.

## Sociable

Son los payasos de la clase o los cómicos que intentan ganarse a los demás. No conocen a un extraño y son muy amables con todos. La conexión con los demás es especialmente importante.

# 4. EJECUCIÓN

## Logrador

Son los que quieren medallas en el pecho o trofeos en la estantería. Sólo quieren más y conseguir más. Su felicidad depende de lo que hayan logrado o conseguido.

## Coordinador

Estos son los gestores. Pueden asumir situaciones complejas y gestionar las múltiples variables. Pueden pensar en varias cosas y realizar varias tareas a la vez. Les gusta el reto de encontrar soluciones.

## Creyente

Estas personas son fuertes en sus creencias, normalmente muy espirituales, orientadas a la familia y éticas. Sus creencias dictan todo sobre ellos y las decisiones que toman. Son muy fiables y comprometidas con los demás. Hagan lo que hagan, debe tener sentido y estar relacionado con su sistema de valores.

## Coherente

Estas personas miden su vida con un sentido del equilibrio y la coherencia. Intentan ver a todos como iguales, merecedores de los mismos beneficios y trato. La estabilidad es la clave.

### Deliberativo

Estas personas necesitan orden. Son conscientes de los peligros y riesgos de la vida e intentan minimizar los problemas potenciales. También son muy cuidadosas en la forma de abordar las cosas y tienden a ser más reservadas.

### Disciplinado

Estas personas son ordenadas y les gusta planificar las cosas. Su mundo necesita ser predecible y estructurado para mantener una sensación de control. Debe ser ordenado y planificado. No les gustan las sorpresas.

### Enfocado

Estas personas necesitan conocer su destino. Se centran en lograr lo que tiene que ocurrir para llegar allí. Están muy orientadas a los objetivos. Su concentración les ayuda a descartar las cosas que les alejan de su objetivo. Gracias a su capacidad de concentración, son muy eficaces. En un equipo son capaces de mantener la atención de todos en el objetivo.

### Responsable

Estas personas asumen como propios sus esfuerzos. Están comprometidas y dispuestas a hacer el trabajo duro para que las cosas sucedan. Se sienten mal si no son capaces de completar algo, ya que pone en tela de juicio su imagen de personas fiables. Estas personas son hacedoras.

### Restaurativo

Estas personas resuelven problemas. Tienen energía y se ponen en marcha cuando se enfrentan a un reto. Son solucionadores, y les encanta dar vida a un proyecto y encontrar soluciones a los problemas.

Una vez que hayas realizado la Evaluación de Fortalezas de Clifton para identificar tus puntos fuertes, podrás utilizarlos para tener éxito no sólo en tu carrera, sino también en tus relaciones. También es muy importante aprender a utilizar esos puntos fuertes para influir positivamente en los demás. Recuerda que no todo el mundo tiene los mismos puntos fuertes. No todas las personalidades combinan bien. El éxito es más fácil cuando la gente está dispuesta a aprender más sobre los demás y a tener en cuenta sus puntos fuertes y sus personalidades. Aquí es donde la conciencia de la debilidad de alguien podría equilibrarse con los puntos fuertes de una persona para crear armonía.

He incluido las fortalezas tal y como aparecen en la Evaluación de Fortalezas de Clifton. También puedes encontrar tus puntos fuertes a partir de otras evaluaciones, o preguntando a quienes te conocen. Incluso puedes hacer una autoevaluación. Tus puntos fuertes son las piezas del rompecabezas de lo que eres. Tu propósito está directamente relacionado con tus puntos fuertes.

# CAPÍTULO 8
# CÓMO DESCUBRIR TUS PASIONES

Cuando hablo de pasiones, me refiero a cosas que te gustan o te emocionan. Las personas apasionadas pueden emocionarse mucho por algo que les interesa.

Por ponerte un ejemplo, ¿recuerdas el discurso "Tengo un sueño" de Martin Luther King? Casi todos los que lo oyeron se sintieron conmovidos porque destilaba pasión. Sentía pasión por el movimiento de los derechos civiles y sus acciones demostraban su convicción, incluso a costa de la cárcel.

Otro ejemplo es la pasión de Cristo. Se apasionó en Su esfuerzo por cumplir su propósito. De hecho, todo lo que hizo fluía de Su pasión, incluso ofrecerse para ser crucificado a fin de que millones de personas pudieran salvarse.

La pasión no es sólo una expresión emocional elevada; es mucho más. Cuando a la gente le apasiona algo, puede pasarse todo el día haciendo algo cuando parece que sólo han pasado unos segundos. Cuando estás en tu pasión, no hay nada que prefieras hacer.

No todo el mundo ha aprovechado su pasión. Muchos la han olvidado o ni siquiera se han molestado en descubrirla. Los niños la tienen de forma natural, y se ve en su gran imaginación durante el juego. Los adultos la tienen cuando se dedican a hacer algo que les apasiona. Otros ejemplos que me vienen a la mente son Thomas Edison, Henry Ford y Steve Jobs. Aunque tuvieron mucho éxito, lo que les diferenciaba era su pasión. Amaban lo que hacían, y eso se notaba en su creatividad y compromiso. A algunas personas les apasiona la jardinería, la lectura, hacer ejercicio o ganar dinero. Conocer tus pasiones es importante porque está directamente relacionado con conocer tu propósito. La pasión es como el combustible que pone en marcha tu motor. Tus pasiones te impulsan cuando quieres rendirte. Te recuerdan por qué haces lo que haces.

Me encanta leer. Es una de mis pasiones. También me encanta aprender y me encanta enseñar. Mi pasión por la lectura me permite aprender, lo que luego puedo transmitir a los demás. Encaja bien con mis otros dones, que pronto descubrirás. Para reconocer lo que te apasiona, escribe una lista de las cosas que te gustan. ¿Cuáles son las más importantes para ti? El objetivo es reducir la lista a tus cinco principales, y luego clasificarlas del uno al cinco. Puede que veas surgir algunos patrones. Esto te ayudará a reducir realmente lo que es más importante para ti.

Hay cinco principios que debes tener en cuenta mientras trabajas para identificar tus pasiones:

1. ¿Qué te mueve?
2. ¿Qué te importa?
3. ¿Qué necesidades vas a satisfacer?
4. ¿Qué causa ayudarás a conquistar?
5. ¿Cuál es tu último sueño?

*Para ayudarte a determinar tus propias pasiones, haz el test en:*
*thepassiontest.com*

# CAPÍTULO 9
# CÓMO DESCUBRIR TU LENGUAJE DEL AMOR

¿Por qué es importante que conozcamos y comprendamos nuestro lenguaje del amor, especialmente en lo que se refiere a nuestro propósito en la vida? Nuestro lenguaje del amor representa la forma en que damos y recibimos amor. Encontrar tu propósito tiene todo que ver con el servicio a los demás, y el servicio a los demás tiene todo que ver con amar a los demás mediante la acción. Debemos tener en cuenta los lenguajes del amor de los demás. A menudo intentamos amar a los demás como nosotros queremos que nos amen, en lugar de como ellos quieren ser amados.

Si conocemos nuestro lenguaje del amor, sabremos cómo servimos y amamos mejor a quienes nos importan. Y lo que es igualmente importante, sabemos cómo nos gustaría que los demás nos amaran y nos sirvieran. Esto nos ayuda a comprender las diferencias de los demás. Comprender estas diferencias puede aliviar muchos conflictos potenciales.

Esta evaluación identificará cómo se satisfacen mejor tus necesidades relacionales. Por ejemplo, mi lenguaje del amor es principalmente el contacto físico. Esto significa que siento amor con los abrazos y el tacto suave. Puedes comunicar tu lenguaje del amor a tus allegados y preguntarles el suyo para asegurarte de que están satisfaciendo las necesidades del otro. Los cinco lenguajes del amor identificados en el libro de la Dra. Chapman son:

- **Tacto físico:** A alguien cuyo lenguaje del amor es el contacto físico se le responde mejor con caricias, abrazos y presencia física.

- **Tiempo de calidad:** Este lenguaje del amor se expresa mejor pasando tiempo con ellos y escuchándoles. Dedícales toda tu atención.

- **Palabras de afirmación:** Las necesidades de estas personas se satisfacen mejor mediante elogios, cumplidos y palabras alentadoras. Les gusta oír a menudo "te quiero" o "eres importante para mí".

- **Actos de servicio:** A estas personas les encanta que hagas cosas por ellas y les ayudes con proyectos. Aprecian cuando la gente les sirve por amor.

- **Recibir regalos:** A estas personas les encantan las cosas que les regalan, como flores, bombones, cartas o tarjetas. Aprecian la consideración y el tiempo que dedicas a acordarte de ellos.

Cuando descubras tu lenguaje del amor, asegúrate de compartirlo con los demás para ayudarles a saber cómo servirte y amarte mejor. Asegúrate también de averiguar cuál es su lenguaje del amor para amarles y servirles mejor.

*Para realizar la evaluación del lenguaje del amor del Dr. Gary Chapman, visita*
*5lovelanguages.com*

# CAPÍTULO 10
# CÓMO DESCUBRIR TU TEMPERAMENTO

El temperamento es la naturaleza de una persona, especialmente en lo que afecta a su comportamiento permanente. El temperamento se forma de bebé, y la investigación ha demostrado que no suele cambiar con el tiempo. Nos ayuda a saber cómo reaccionaremos ante determinadas circunstancias.

Los psicólogos han identificado cuatro temperamentos diferentes: sanguíneo, flemático, melancólico y colérico. Hipócrates desarrolló originalmente la teoría de los cuatro temperamentos. La mayoría de las personas poseen un temperamento primario y otro secundario. El temperamento primario es un componente clave de tu personalidad y de cómo te relacionas y reaccionas ante los demás.

Puedes encontrar más información sobre el estudio de los temperamentos en libros como *Spirit Controlled Temperament*, de Tim Lahaye; *The Four Tendencies*, de Gretchin Rubin; y *Becoming Who We* Are, de Mary Rothbart.

*Para hacer un test de temperamento, visita*
*psychologia.co*

Otra prueba empareja los cuatro temperamentos con sus

características animales: Sanguíneo como la Nutria, Flemático como el Golden Retriever, Colérico como el León y Melancólico como el Castor. Puedes encontrar esta información en decal.ga.gov.

## EL TEMPERAMENTO SANGUÍNEO (NUTRIA)

El temperamento más común es el Sanguíneo, y es tan probable encontrarlo en hombres como en mujeres. Los Sanguíneos suelen ser habladores y más extrovertidos. Dan la impresión de ser despreocupados, desenvueltos y sociables. También pueden parecer el tipo de líder fuerte que se hace cargo de una situación o conversación. Están muy orientados a las personas. Suelen mostrar una amplia gama de emociones y comportamientos. Pueden ser juguetones e impulsivos. Es divertido estar con ellos, ya que tienen sentido del humor y mantienen las cosas animadas. Son expresivos y afectuosos con los demás. Se les da bien entablar relaciones y suelen confiar en los demás. Son muy competitivos y pueden parecer agresivos cuando compiten. Les encanta llamar la atención y temen causar una mala impresión o ser rechazados.

Los Sanguíneos suelen ser sociables, extrovertidos, optimistas, indulgentes, seguros de sí mismos, amantes de la diversión y orientados hacia los objetivos. Los Sanguíneos también pueden ser impulsivos, suelen llegar tarde, son egoístas, olvidadizos y tienen tendencia a exagerar. Los trabajos típicos de los Sanguíneos son las ventas, la atención al cliente, el marketing, las relaciones públicas, los viajes y el ocio.

La personalidad sanguínea se ve muy afectada por una sustancia química llamada dopamina, que hace que estas personas sean intensamente curiosas y creativas. Su curiosidad puede expresarse en su amor por la lectura y la búsqueda de distintos tipos de conocimiento. Las personas sanguíneas suelen poseer grandes cantidades de energía, por lo que pueden parecer inquietas y espontáneas.

A este tipo de personalidad le encanta la vida de lujo; les gusta impresionar a los demás con su ropa cara, sus accesorios de diseño y sus automóviles llamativos. Si los coléricos prosperan en el propio proceso de hacer dinero, los sanguíneos saben disfrutar como nadie del dinero, el lujo y la comodidad. Son grandes derrochadores. Si pueden permitírselo, viajan mucho. Es probable que se alojen en hoteles espléndidos, disfrutando de emocionantes safaris y cruceros de lujo, obteniendo plena felicidad y placer de su riqueza. Se entregarán a su vida rica, cómoda y suntuosa, ignorando efectivamente los problemas y crisis del mundo.

Las personas de personalidad sanguínea están dispuestas a asumir riesgos en aras de la persecución de sus diversos intereses. Estas personas se sienten aburridas si no las absorbe algo intrigante. Sus ansias constantes de aventura y novedad son la principal fuerza motivadora de sus acciones.

Las personas de personalidad sanguínea se adaptan rápidamente y pueden desempeñar muchos papeles. Alegres, vivaces y optimistas, pueden encandilar a cualquiera que busque su atención. Su necesidad de variedad y lujo explica por qué prefieren vivir en grandes ciudades. Los Sanguíneos no toleran el aburrimiento. Les molestan los trabajos rutinarios, las experiencias repetitivas y los compañeros aburridos. En general, intentarán evitar la rutina y la monotonía a toda costa. Es más, prosperan con las interrupciones porque les llenan de energía los cambios de rumbo.

Estas personas son impulsivas, y a menudo les resultará difícil controlar sus antojos. Pueden tener problemas de peso. Más que cualquier otro tipo de personalidad, este temperamento es más susceptible al tabaco, el alcohol, las drogas, el juego y los comportamientos de riesgo. Su espontaneidad se refleja en planes de última hora y momentos de descubrimiento intelectual. Los Sanguíneos suelen ser más creativos que otros tipos, ya sea en poesía, música, teatro, arte, negocios o cocina. Por desgracia, también son más susceptibles a los desequilibrios químicos, las adicciones y los trastornos del estado de ánimo.

Las personas de este tipo parecen hambrientas de conocimiento: algunas son enciclopedias andantes, mientras que otras visitan casi todos los países del mundo. Muchos permanecen en la escuela años y años después de que sus compañeros se hayan graduado. Harán casi cualquier cosa para satisfacer su siempre presente necesidad de ser absorbidos por algo significativo y emocionante. Como resultado, a menudo acabarán teniendo varias titulaciones. Sin embargo, los sanguíneos están tan ocupados con sus muchos intereses que son propensos a la procrastinación. Están demasiado ocupadas para pensar en los plazos y en terminar una tarea antes de empezar otra.

Estas personas son muy autónomas y poco convencionales. Confían en sus impulsos y asumen riesgos. Su lema es: "Nada arriesgado, nada ganado". Se lanzan a proyectos que parecen seguros de fracasar, pero de algún modo siempre consiguen ganar a lo grande. Las personas de personalidad sanguínea son optimistas a ultranza y se dedican a buscar la alegría. Son buscadores de sensaciones que obtienen placer de experiencias muy excitantes; disfrutan de la vida al máximo.

## EL TEMPERAMENTO FLEMÁTICO (GOLDEN RETRIEVER)

También son frecuentes los temperamentos flemáticos. El flemático es casi lo contrario del temperamento sanguíneo. Muchas personas pueden tener un primario de sanguíneo y un secundario de flemático, o viceversa. El primario es el más dominante de los dos. Los individuos que están más en el lado flemático son aquellos a los que les gusta servir a los demás. Son muy dadivosos y sensibles a las necesidades de los demás. Son caritativos con su tiempo y sus recursos.

Son más introvertidos en su enfoque. No suelen tener muchos amigos, pero los que tienen son increíblemente especiales para ellos; son leales. No suelen ser agresivos, y se les considera los pacificadores. No quieren hacerse notar. Es fácil llevarse bien con ellos, ya que se preocupan mucho por los demás. No son los más indicados para tomar decisiones, pues no quieren destacar ni parecer desagradables. También les gusta la estabilidad y la rutina, y no responden bien a los cambios. Son muy cariñosos, y su vida suele girar en torno al hogar y la familia.

Los puntos fuertes de los flemáticos son que son tranquilos, fiables, diplomáticos, contentos, aceptadores, racionales, leales, cariñosos y pacificadores. Los puntos débiles de los flemáticos son que son tímidos, pasivos, indecisos, permisivos, poco ambiciosos, apáticos y evitan los conflictos. Los trabajos típicos de los flemáticos son la enfermería, la educación, los servicios humanos y sociales y el asesoramiento.

Las personas de personalidad flemática son discretas, agradables e intuitivas. Poseen la habilidad del "pensamiento en red"; la capacidad de ver la relación entre muchos datos que recopilan. Tienen una habilidad increíble para reunir hechos, clasificarlos en distintas categorías y luego ver la relación entre elementos aparentemente contradictorios. Esencialmente, son capaces de leer entre líneas. A los hombres y mujeres flemáticos no se les da muy bien memorizar hechos separados no relacionados entre sí. Se aburren y se enfadan. Para entusiasmarse con el proceso, necesitan ser capaces de generalizar.

¡Todo tiene que ver con el estrógeno! Los rasgos flemáticos de la personalidad están relacionados con el estrógeno, que está presente tanto en hombres como en mujeres. Sin embargo, las personas flemáticas son predominantemente mujeres. Millones de fibras nerviosas conectan los dos hemisferios cerebrales, y el estrógeno crea más conexiones nerviosas entre las zonas remotas de cada región. Estas conexiones contribuyen al pensamiento global. Estas personas son imaginativas; les gusta pensar de forma abstracta.

Intentarán leer tu lenguaje corporal y decirte lo que estás

pensando. Los flemáticos quieren conocer los sentimientos más profundos de los demás, y se esfuerzan por establecer vínculos íntimos con todas las personas de su vida. Les interesa la cooperación y la armonía interpersonal, por lo que preservan sus lazos familiares y sus amistades. Cuando hay un conflicto, buscan satisfacer las necesidades de todos los implicados. Estos hombres y mujeres son muy empáticos y compasivos.

Las personas con personalidad flemática son muy agradables. Los flemáticos podrían describirse como cooperativos, considerados, caritativos, simpáticos, confiados y cálidos. Les gusta expresar sus sentimientos, a veces dramatizando su experiencia, lo que evidencia una elevada actividad estrogénica. Los hombres y mujeres flemáticos buscan contribuir a la sociedad en general. Se esfuerzan por luchar contra el cáncer, hacen donaciones a orfanatos y ayudan a los pobres. También luchan por un mayor autoconocimiento, que consideran imprescindible.

En el lado negativo, las personas con personalidad flemática pueden ser indecisas e incapaces de centrarse en los detalles esenciales. No dejan de rumiar el panorama general mientras ignoran los aspectos cruciales. Su locuacidad puede resultar molesta, y como buscan la conexión, pueden parecer necesitadas o en constante demanda de consuelo. Puede que intenten comprenderte, pero también puede que den por sentado que ves y sientes el mundo igual que ellos. Pueden tomarse las críticas como un insulto y hacer pucheros durante días, semanas o meses. Son muy propensos a la depresión.

## EL TEMPERAMENTO MELANCÓLICO (CASTOR)

Los melancólicos son increíblemente detallistas y organizados. Tienen una fuerte necesidad de hacer las cosas según las normas. Son los que leen y siguen las instrucciones. También son "hacedores" y hacen las cosas. Son quienes quieres que hagan el control de calidad. Están muy orientados a las tareas y tienen una fuerte necesidad de tener razón y de hacer las cosas correctamente. Suelen saber escuchar y comunicar los detalles.

No son los mejores tomando decisiones a menos que tengan todo lo que necesitan para hacer la elección correcta, ya que temen equivocarse. También evitan la presión y las situaciones tensas, porque las prisas aumentan la probabilidad de cometer errores. Trabajan mejor con tareas claramente definidas y con tiempo suficiente para planificar, elaborar estrategias y ponerlas en práctica. Tienden a ser perfeccionistas, y cuando se ven presionados o en una situación desconocida pueden volverse agresivos en su respuesta. Son reservados e introvertidos en su trato con los demás.

Los melancólicos son lógicos, objetivos y analíticos. También suelen estar preocupados porque quieren hacerlo todo bien. Tienen grandes expectativas debido a su naturaleza perfeccionista, por lo que pueden ser exigentes con los demás. También son muy concienzudos y desconfían de los demás. No son muy confiados con los demás hasta que sienten que se puede confiar en la persona, por lo que les resulta difícil entablar relaciones. Los puntos fuertes de los melancólicos son que son precisos, analíticos, detallistas, minuciosos, laboriosos, ordenados, metódicos, intuitivos y controlados. Los puntos débiles son que son demasiado duros consigo mismos, críticos con los demás, perfeccionistas, demasiado precavidos, no toman decisiones sin conocer todos los hechos, quisquillosos y demasiado sensibles.

Las opciones profesionales típicas de los melancólicos pueden ser la investigación, el arte, la ciencia, la contabilidad, la administración y el trabajo social. Los hombres y mujeres con personalidad melancólica comparten muchos rasgos: tienden a ser leales a su familia y amigos y extremadamente cuidadosos. La respetabilidad y las cuestiones morales son especialmente importantes para ellos; prefieren seguir las normas sociales y las tradiciones familiares. Son respetuosos con la autoridad, siguen las normas y se sienten cómodos en jerarquías en las que se aplica la estructura, la normativa y el orden.

Quieren formar parte de una comunidad más amplia. Consideran su lealtad como un deber. Los rasgos melancólicos de la personalidad están asociados a la serotonina, que suprime las tendencias agresivas. Eso explica por qué las personas melancólicas son tranquilas, seguras de sí mismas, profundamente apegadas a su familia y a su comunidad y leales. Son muy ordenadas y no les gusta lo imprevisible: disfrutan haciendo planes definidos y cumpliendo horarios. Les encanta la rutina, que encuentran relajante. El movimiento repetitivo aumenta los niveles de serotonina. Es relajante por naturaleza, ¡pero nadie lo disfruta más que un melancólico!

Estas personas prestan atención a los detalles; recuerdan fechas especiales, aniversarios y acontecimientos. Recordarán detalles sobre sus vecinos y colegas. Los melancólicos no ven los lazos familiares y sociales como algo que limita su libertad y flexibilidad, como puede ocurrir con los sanguíneos o los coléricos. Para ellos, son redes de seguridad, un lugar blando donde caer, pero a una escala mucho mayor. Añade sentido a su vida. Como la sociedad y los lazos familiares son una parte tan esencial de su estilo de vida y su rutina diaria, no pueden verse sin ellos. Si se les quita esto, se sentirán devastados. Por eso no es probable que el melancólico sea alguien que se case con un extranjero o se marche a otro país para residir permanentemente.

Los melancólicos necesitan ser ordenados, incluso al hablar. Se expresarán con precisión y exactitud, aportando toda la información relevante. Si les interrumpes o les haces una pregunta, pensarán que no te interesa lo que están diciendo. A diferencia de los sanguíneos, odian las distracciones y se frustran con ellas. Si quieres impresionarles, no hables de tus grandes ideas. En lugar de eso, dales información precisa y cíñete a los detalles.

Su necesidad de orden se expresa incluso en sus chistes; no les gusta el humor sin sentido. Incluso sus chistes reflejan orden, previsibilidad y cierre. Las personas con personalidad melancólica son minuciosas y precisas. Están orientadas al proceso y les gusta perseguir sus objetivos de forma precisa y directa. Antes de iniciar una tarea concreta, necesitan organizarse y dividirla en pasos manejables. Un melancólico medio no es el tipo de persona que trabaje bien bajo presión.

Los melancólicos son persistentes y pacientes. No se aburren fácilmente y destacan en tareas que requieren atención y repetición. Su orden también se refleja en sus gustos. A los melancólicos les encantan los diseños geométricos, sencillos, ordenados, predecibles, repetitivos y simétricos. Si le das a un melancólico una camisa de rayas y cien camisas con un diseño asimétrico, se pondrá esa única camisa de rayas todos los días. La asimetría les incomoda. Sin embargo, la mayoría de las personas son una mezcla de varios tipos de personalidad que las hacen mucho más flexibles.

Estas personas son excelentes gestores y administradores porque siguen las normas y se atienen a los hechos. Además, son fiables y se preocupan por mantener los vínculos sociales. Son excelentes en la gestión de personas, ya sea en el trabajo o en casa. Una de sus necesidades más fuertes es la de pertenencia, y por eso quieren ser fiables, respetables y caritativos. Su bienestar emocional depende de sus redes sociales.

Los Melancólicos están orgullosos de sus logros: exhibirán sus trofeos, medallas, diplomas, certificados y fotos con personas influyentes. En general, quieren hacer las cosas de una manera aceptada; prefieren planificarlas con antelación y saber de antemano lo que van a hacer. En el lado negativo, las personas con personalidad melancólica pueden volverse cerradas de mente, dogmáticas y obstinadas. También tienden al pesimismo, que puede convertirse en fatalismo, creyendo que nada cambiará a mejor. A veces se vuelven excesivamente críticos y sentenciosos, porque suelen creer en su propia superioridad moral. Su frugalidad puede convertirse en tacañería. Algunos melancólicos pueden obsesionarse con el pasado. Pueden rumiar durante horas cómo sería su vida si hubieran tomado decisiones diferentes. La acumulación es un problema bastante frecuente.

## EL TEMPERAMENTO COLÉRICO (LEÓN)

Los de temperamento colérico están muy orientados a los resultados. Se marcan objetivos y se ciñen a ellos. Se sienten impulsados a triunfar y pueden ser agresivos en sus intentos. Se enfrentan a la oposición con la mentalidad de obtener resultados. Tienen confianza en sí mismos y son autosuficientes. Son extrovertidos por naturaleza. Son líderes fuertes y los demás les buscan para que les guíen. Tienen fuerza de voluntad y son independientes. Son asertivos y se comunican directamente. Asumen riesgos y se aburren con facilidad. Suelen ser los líderes o jefes en el trabajo. Resuelven problemas y buscan oportunidades desafiantes. Se hacen cargo de las situaciones si nadie más lo hace.

La mayoría de los coléricos son emprendedores. También son sus visionarios. En las relaciones, pueden ser dominantes y a veces dominados. Toman decisiones con rapidez, lo que a veces puede resultar problemático. Les resulta fácil tomar decisiones, no sólo para sí mismos, sino también para los demás. Son muy creativos, pero no siempre piensan en los detalles. Los coléricos son personas muy compasivas en entornos sociales, pero tienen algunas dificultades en las relaciones personales, debido a sus dificultades para empatizar con los demás. Los puntos fuertes de los coléricos son que son decididos, orientados a los objetivos, orientados al logro, independientes, emprendedores, persistentes, eficientes y competitivos. Los puntos débiles son que son impacientes, bruscos, saben escuchar, impulsivos, exigentes, insensibles a los sentimientos de los demás, se aburren rápidamente con la rutina y consideran que los proyectos son más importantes que las personas.

Los trabajos típicos de los coléricos son los negocios, el derecho, la tecnología, la seguridad, la gestión y la ingeniería. El tipo de personalidad colérico se asocia con la testosterona, y aunque cada temperamento está representado por miembros de ambos sexos, la mayoría de los coléricos son hombres. En general, los coléricos están orientados hacia el dinero y el éxito. Les fascinan las acciones, las inversiones, los mercados de dinero y todo tipo de métodos de generación de ingresos, del mismo modo que a otros les fascinan el arte y la poesía. Estas personas son muy prácticas, y son hombres de negocios dotados por naturaleza. Buscando continuamente oportunidades y trabajando siempre en sí mismas, construyen empresas de éxito que prosperan y benefician a los demás. Esto no significa que sean ávidos de dinero, ¡ni mucho menos! Desde su punto de vista, el trabajo es divertido. Sin embargo, nunca les va bien un puesto subordinado; lo suyo es la independencia, económica y de cualquier otro tipo.

Otra cualidad única de las personas coléricas es su capacidad para sistematizarlo todo. Por eso suelen disfrutar con las matemáticas y otras ciencias exactas. Les cuesta entender por qué el enfoque que utilizan al resolver un problema matemático no puede emplearse al abordar problemas de pareja.

La testosterona también contribuye a sus habilidades espaciales. Sus habilidades espaciales pueden reflejarse en su capacidad musical y atlética, sobre todo en los deportes que requieren habilidades espaciales, como el fútbol. Están orientados hacia los objetivos y tienen una concentración aguda mientras trabajan. Su concentración es profunda y estrecha. Cuando están ocupados en algo, los coléricos simplemente no son capaces de darse cuenta de otras cosas que ocurren a su alrededor. Este tipo de persona es muy analítica y lógica. Estas personas son los reyes y reinas de resolver las cosas.

La elevada actividad de la testosterona en estos hombres y mujeres les hace ser muy directos. En general, las personas coléricas no se esfuerzan por ser educadas, respetuosas o amables. Hacen las cosas según lo que les conviene y, lo que es más importante, de acuerdo con sus objetivos. Gastar palabras y repetir lo obvio no tiene sentido para ellos. ¡Obligarles a hacerlo es una forma segura de fastidiarles! La personalidad colérica se caracteriza por el pragmatismo, y es típico de ellos tomar sus decisiones con rapidez y actuar de inmediato. A diferencia de muchos otros, no tienen problemas cuando se les ofrecen múltiples opciones. Prefieren demostrar su valía con la acción y dejar a un lado la palabrería. Difícilmente oirás a un colérico hablar sin parar de lo que piensa hacer, como suele ocurrir con los sanguíneo-flemáticos. Este tipo de comportamiento es molesto para los coléricos.

Aunque puedas pensar que los coléricos son aburridos y no tienen nada que compartir, lo cierto es que a menudo son los que más se divierten (solos). Pasan los años y podrías asombrarte de lo que han conseguido. No es de extrañar que sean como son. Los coléricos tienen todo lo necesario para destacar en los negocios, los deportes y la ciencia. Están predispuestos por naturaleza a fijarse objetivos y luego alcanzarlos, creen en el razonamiento, la lógica y la investigación.

Son escépticos y no confían fácilmente. Los coléricos necesitan investigar los hechos por su cuenta y luego analizarlos. Las personas con personalidad colérica tienen una excelente capacidad para resolver problemas y, siempre que estén satisfechas con el razonamiento que subyace a su estrategia, actúan con audacia y tienen confianza en sí mismas. Tanto la confianza como la audacia surgen de un alto nivel de testosterona. No tienen ningún problema en tolerar largas horas de trabajo y aislamiento para alcanzar un objetivo.

Son personas muy independientes, sin mucho respeto por los diplomas y otras credenciales, armadas de su autonomía e independencia. Tanto los hombres como las mujeres coléricos suelen ser muy competitivos, casi hasta el punto de ser agresivos, lo cual es otro signo de una elevada actividad de la testosterona. Las personas con este temperamento están decididas a triunfar. Sin embargo, rara vez están satisfechas con el tiempo y el esfuerzo que dedican a sus proyectos. Siguen subiendo el listón hasta el punto de que muchos de ellos viven con la preocupación constante de que algún día fracasarán. En cuanto se decepcionen, se culparán sin piedad. Sin embargo, las personas coléricas nunca abandonan sus intentos de triunfar.

Les encanta el conocimiento y buscan parejas inteligentes. Por lo demás, suelen evitar las relaciones sociales a menos que les interese la conversación, que, por supuesto, debe estar relacionada de algún modo con sus objetivos. Esta conformación temperamental suele caracterizarse por el desapego de sus sentimientos, porque admiran el control emocional. Los Coléricos se esfuerzan por ser lógicos, analíticos, competentes, justos y convincentes. Suelen mostrarse tranquilos y serenos. No sonríen mucho y evitan el contacto visual, y a pesar de sus esfuerzos por lograr un autocontrol total, a veces pueden "perder los papeles" y estallar en cólera.

## COMPATIBILIDAD DE TEMPERAMENTOS

Los flemáticos y los melancólicos son muy compatibles; sus temperamentos se equilibran mutuamente. Los melancólicos también son compatibles con otros melancólicos. Los Sanguíneos y los Melancólicos son opuestos directos que requerirían mucho esfuerzo, pero tienen potencial para ser una buena pareja. Los coléricos y los melancólicos no serían una buena pareja debido a los conflictos entre rasgos. Sanguíneos y flemáticos pueden ser una buena pareja debido a la cautela del flemático ante la pasión impetuosa del sanguíneo. Dos coléricos se entienden sin palabras.

La pareja de sanguíneo y colérico es rara. Se sienten atraídos por los atributos de la personalidad del otro, pero a menudo reprimen su libertad. Los flemáticos y los coléricos son una buena pareja, ya que se equilibran bien. Dos flemáticos juntos pueden crear una historia de amor sin igual.

Todos los temperamentos tienen potencial para triunfar juntos si cada uno aprende a apreciar sus diferencias y se animan mutuamente. Los distintos tipos no siempre se compenetran bien. Es posible que dos personas de temperamentos muy

distintos tengan dificultades en sus relaciones. Aunque el temperamento no puede cambiarse, podéis aprender a comprenderos
mutuamente y aprender formas de hacer frente a las necesidades
de cada uno.

La forma en que percibes el mundo que te rodea tiene un
impacto directo en cómo interactúas con él. Armado con más
conocimientos sobre tu temperamento, puedes cultivar una
mayor conciencia en torno a tu personalidad y a lo que significa
para ti en tu vida cotidiana. La toma de conciencia es siempre el
primer paso para cultivar el cambio. Si tienes un temperamento
que tiende a inclinarse más hacia lo negativo o te impide correr
riesgos, quizá quieras desarrollar una perspectiva más positiva
de la vida. Ser más positivo te dará la capacidad de prosperar sin
que el miedo te impida experimentar o disfrutar plenamente del
mundo. Sólo asegúrate de ser siempre realista en tu positividad,
o corres el riesgo de decepcionarte a ti mismo y obstaculizar tu
progreso.

# CAPÍTULO 11
# CÓMO DESCUBRIR TU ESTILO DE PERSONALIDAD

## EL ESTILO DE LA PERSONALIDAD-TRASTORNO DE LA PERSONALIDAD

| Estilo | | Trastorno |
|---|---|---|
| Concienzudo | ←→ | Obsesivo-compulsivo |
| Seguro de sí mismo | ←→ | Narcisista |
| Dramático | ←→ | Histriónico |
| Vigilante | ←→ | Paranoide |
| Inconstante | ←→ | Límite |
| Devoto | ←→ | Dependiente |
| Solitario | ←→ | Esquizoide |
| Tranquilo | ←→ | Pasivo-agresivo |
| Sensible | ←→ | Evitativo |
| Idiosincrásico | ←→ | Esquizotípico |
| Aventurero | ←→ | Antisocial |
| Abnegado | ←→ | Autodestructivo |
| Agresivo | ←→ | Sádico |
| Serio | ←→ | Depresivo |

Tu personalidad es un patrón distintivo de cómo piensas, sientes y te comportas que te hace ser quién eres. El Nuevo Autorretrato de Personalidad 25 - (NPSP25) (que puedes encontrar en *npsp25.com*) delinea 14 estilos de personalidad que, en la combinación única de cada persona, conforman la forma en que llevas una vida productiva y satisfactoria, te adaptas al cambio y resuelves problemas. El test mostrará hacia qué estilo de personalidad te inclinas. Esto es extremadamente útil para comprender cómo piensas, sientes y te comportas.

Los rasgos exhibidos en el lado izquierdo de la tabla reflejan un estado mental sano, en el que funcionamos bien y estamos en estado de equilibrio. Mostramos los rasgos de la derecha cuando estamos en estados de estrés y preocupación. Recomiendo que controlemos nuestros estados de ánimo e identifiquemos los desencadenantes que nos conducen hacia la columna de la derecha. La respiración profunda, la relajación y la meditación pueden ayudar. La dieta y el ejercicio también son formas positivas de controlar tu estado.

Tus resultados describirán tu estilo de personalidad. Las descripciones de cada estilo de personalidad que aparecen a continuación también se pueden encontrar en el libro *Nuevo Autorretrato de la Personalidad*, de John M. Oldman.

**Concienzudo**: Trabajador, detallista, perseverante, invertido en lo correcto, perfeccionista, prudente, amante del orden e intelectual.

**Seguro de sí mismo:** Confiado, con derecho, ambicioso, político, competitivo, con éxito, aplomado y encantador.

**Dramático:** Emotivo, colorista, atento, atractivo, seductor, confiado, intuitivo, espontáneo e imaginativo.

**Vigilante:** Independiente, cauto, perceptivo, defensivo, reactivo a las críticas y leal.

**Inconstante:** Intenso, apasionado, reactivo, romántico, impulsivo, creativo, imaginativo, exigente, necesitado y cambiante.

**Devoto:** Profundamente apegado y comprometido, deferente, considerado, cooperativo, educado y que prefiere la adhesión al liderazgo.

**Solitario:** Cómodo solo, independiente, poco sentimental, estoico y autosuficiente.

**Tranquilo:** Independiente, despreocupado, buscador de placer, resistente a las exigencias, que se acepta a sí mismo, testarudo y orientado a la familia.

**Sensible:** Reservado, discreto, preocupado por las expectativas, cómodo con la rutina y la familiaridad, autocontrolado y espontáneo cuando está seguro.

**Idiosincrásico:** Poco convencional, espiritual, especulativo, interior y original.

**Aventurero:** Inconformista, amante del riesgo, autosuficiente, persuasivo, valiente, espontáneo, en movimiento y despreocupado.

**Abnegado:** Generoso, deferente, altruista, sin prejuicios, humilde, sufrido e ingenuo.

**Agresivo:** Cómodo con el poder, jerárquico, responsable, disciplinado, orientado a objetivos, valiente, físicamente activo y asertivo.

**Serio:** Sobrio, sin pretensiones, responsable, reflexivo, preparado para todas las consecuencias, fiable y contrito.

## AUTORRETRATO DE PAUL P.

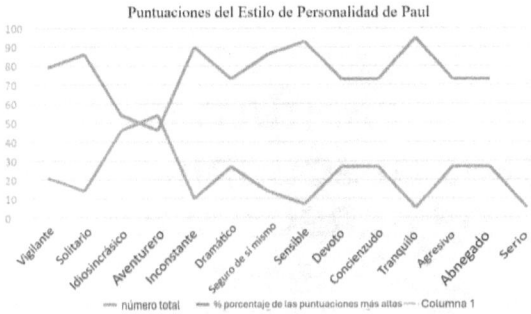

El gráfico de arriba muestra mis puntuaciones brutas y cómo se comparan con las del resto de personas que hicieron este test. Cuanto más alta es la barra roja, más baja es mi puntuación en relación con el resto del mundo. Como muestran mis resultados, soy más idiosincrásico y aventurero, pero menos inconstante, sensible, tranquilo y serio.

Una vez que conozcas tus principales estilos de personalidad, podrás centrarte en cómo resaltarlos para potenciar tu personalidad y abrazar quién eres. También es importante ser consciente de los desencadenantes que pueden llevarte hacia el lado negativo de ese estilo de personalidad. Estos estilos de personalidad tienen un factor yin-yang y necesitas conocer la naturaleza positiva y negativa de ambos para minimizar lo negativo y potenciar lo positivo.

# CAPÍTULO 12
# CÓMO DESCUBRIR TU TIPO DE PERSONALIDAD

La investigación realizada por Myers-Briggs me ha resultado muy útil, y he incluido el sitio web y la evaluación de personalidad en este capítulo. Este test determinará cuál de los 16 tipos de personalidad se aplica mejor a ti.

Tu tipo de personalidad desempeña un papel importante en tus relaciones personales y profesionales. Por ejemplo, alguien introvertido puede no ser el mejor en ventas, y un pensador puede no ser el mejor como consejero. Hay cuatro categorías principales en la evaluación de la personalidad de Myers-Briggs:

## 1. I (INTROVERTIDOS) FRENTE A E (EXTROVERTIDOS)

- A los introvertidos les suele gustar trabajar y estar solos, y les gusta centrarse en una cosa cada vez.

- A los extrovertidos les da energía estar con gente, son multitarea y prefieren trabajar a un ritmo rápido.

## 2. T (PENSADORES) FRENTE A F (SENTIMENTALES)

- Los pensadores tienden a tomar decisiones utilizando el análisis y la investigación.

- Los sentimentales son más sensibles y basan muchas de sus decisiones en las emociones propias y ajenas.

## 3. S (SENSITIVOS) FRENTE A N (INTUITIVOS)

- Los sensitivos se centran en los hechos, los detalles y el sentido común para encontrar soluciones a los problemas.

- Los intuitivos se centran en las grandes imágenes y buscan soluciones creativas.

## 4. J (JUECES) FRENTE A P (PERCEPTORES)

- Los Jueces son muy organizados y preparados. Les gusta ceñirse a los planes y seguir las normas.

- Los Perceptores son más espontáneos y flexibles con sus planes.

Tras realizar la evaluación, obtendrás un patrón de cuatro letras (I/E, T/F, S/N, J/P).

Este patrón dará más información sobre cómo piensas, te relacionas, procesas y decides las cosas.

## ¿Cuál es tu tipo de personalidad?

| ISTJ | ISFJ | INFJ | INTJ |
|---|---|---|---|
| Responsable, sincero, analítico, reservado, realista, sistemático. Trabajador y digno de confianza, con buen juicio práctico. | Cálido, considerado, amable, responsable, pragmático, minucioso. Cuidador devoto que disfruta siendo útil para los demás. | Idealista, organizado, perspicaz, fiable, compasivo, amable. Busca la armonía y la cooperación, disfruta de la estimulación intelectual. | Innovador, independiente, estratégico, lógico, reservado, perspicaz. Impulsado por sus propias ideas originales para lograr mejoras. |
| ISTP | ISFP | INFP | INTP |
| Orientado a la acción, lógico, analítico, espontáneo, reservado, independiente. Disfruta de la aventura, hábil para comprender cómo funcionan las cosas mecánicas. | Centrado, sensible, cariñoso, servicial, flexible, realista. Intenta crear un entorno personal que sea a la vez hermoso y práctico. | Sensible, creativo, idealista, perspicaz, cariñoso, leal. Valora la armonía interior y el crecimiento personal, se centra en los sueños y las posibilidades. | Intelectual, lógico, preciso, reservado, flexible, imaginativo. Pensadores originales que disfrutan de la especulación y la resolución creativa de problemas. |
| ESTP | ESFP | ENFP | ENTP |
| Extravertido, realista, orientado a la acción, curioso, versátil, espontáneo. Solucionador de problemas pragmático y hábil negociador. | Juguetón, entusiasta, amable, espontáneo, discreto, flexible. Con sentido común, disfruta ayudando a la gente de manera tangible. | Entusiasta, creativo, espontáneo, optimista, solidario, juguetón. Valora la inspiración iniciando nuevos proyectos, el potencial de los demás. | Inventivo, entusiasta, estratégico, emprendedor, curioso, versátil. Disfruta de las nuevas ideas y desafíos, valora la inspiración. |
| ESTJ | ESFJ | ENFJ | ENTJ |
| Eficiente, extravertido, analítico, sistemático, fiable, realista. Le gusta llevar la batuta y hacer las cosas de forma ordenada. | Amable, extrovertido, fiable, concienzudo, organizado, práctico. Intentar ser útil y complacer a los demás, disfrutar de ser activo y productivo. | Cariñosos, entusiastas, idealistas, organizados, diplomáticos, responsables. Hábiles comunicadores que valoran la conexión con las personas. | Estrategas, lógicos, eficientes, extrovertidos, ambiciosos, independientes. Organizadores eficaces de personas y planificadores a largo plazo. |

## ¿Cuál es tu tipo Myers-Briggs?

Utiliza las preguntas de la página siguiente para determinar las cuatro letras de tu tipo Myers-Briggs. Para cada par de letras, elige el lado que te parezca más natural, aunque no estés de acuerdo con todas las descripciones.

| **l. ¿Te centras en lo externo o en lo interno? Si tú:** | |
| --- | --- |
| • Podrías describirte como hablador, extrovertido<br>• Te gusta estar en un entorno acelerado<br>• Sueles trabajar en ideas con otros, piensas en voz alta<br>• Disfrutas ser el centro de atención | • Podrías describirte como reservado, privado<br>• Prefieres un ritmo más lento con tiempo para la contemplación<br>• Tiendes a llevar las cosas en tu cabeza<br>• Prefieres observar que ser el centro de atención |
| *Entonces Prefieres ser*<br><br>Extrovertido **(E)** | *Entonces Prefieres ser*<br><br>Introvertido **(I)** |

| **2. ¿Cómo prefieres recibir la información? Si tú:** | |
| --- | --- |
| • Te centras en la realidad de cómo son las cosas.<br>• Prestas atención a los hechos concretos y a los detalles.<br>• Presumes de ideas que tienen aplicaciones prácticas.<br>• Te gusta describir las cosas de una manera específica y literal. | • Imaginas las posibilidades de cómo podrían ser las cosas.<br>• Observas el panorama general. Ves cómo todo está conectado.<br>• Disfrutas de las ideas y los conceptos por sí mismos.<br>• Te gusta describir las cosas de forma figurativa y poética. |
| *Entonces Prefieres ser*<br><br>Sensitivo (S) | *Entonces Prefieres ser*<br><br>Intuitivo **(N)** |

| **3. ¿Cómo prefieres tomar decisiones? Si tú:** | |
| --- | --- |
| • Tomas decisiones de manera impersonal, usando el razonamiento lógico.<br>• Valoras la justicia. La imparcialidad.<br>• Disfrutas encontrando los defectos en un argumento.<br>• Puedes describirte como razonable, sensato | • Basas tus decisiones en valores personales y en cómo tus acciones afectan a los demás.<br>• Valoras la armonía y el perdón.<br>• Te gusta complacer a los demás y destacar lo mejor de las personas.<br>• Podrías describirte como cálido y empático |
| *Entonces Prefieres ser*<br><br>Pensador **(T)** | *Entonces Prefieres ser*<br><br>Sentimental **(F)** |

| **4. ¿Cómo prefieres vivir tu vida exterior? Si tú:** | |
| --- | --- |
| • Prefieres que se resuelvan los asuntos.<br>• Crees que se deben respetar las reglas y los plazos.<br>• Prefieres tener instrucciones detalladas paso a paso.<br>• Haces planes. Quieres saber en qué te estás metiendo. | • Prefieres dejar tus opciones abiertas<br>• Consideras que las reglas y los plazos son flexibles<br>• Te gusta improvisar y hacer las cosas sobre la marcha.<br>• Eres espontáneo. Disfrutas de las sorpresas y las situaciones nuevas |
| *Entonces Prefieres ser*<br><br>Juez **(J)** | *Entonces Prefieres ser*<br><br>Perceptor **(P)** |

# CAPÍTULO 13
# CÓMO DESCUBRIR TUS DONES Y TALENTOS

Nuestros dones y talentos nos hacen ser quienes somos. Nos dan una idea de nuestra singularidad. Nos ayudan a comprender lo que debemos hacer y quiénes debemos ser. ¿Cuántos de nosotros hemos oído hablar de alguien que tuviera un don o un talento natural? Algunas personas tienen estos talentos naturales, y otras tienen que entrenarlos. Puede que no a todo el mundo le salga de forma natural. Algunas personas tienen dones otorgados por Dios. Michael Jordan tenía un don natural, pero practicó sin descanso para perfeccionar su don y convertirse en uno de los mejores jugadores de baloncesto de todos los tiempos. Los dones y los talentos suelen surgir de nuestra pasión. Si tenemos pasión, a menudo lo hacemos una y otra vez hasta que lo dominamos. En nuestra búsqueda de la pasión a menudo descubrimos nuestros dones y talentos.

Mi hijo Lane tiene un don natural para la música y la fotografía. Simplemente tiene un don para ello. A menudo tenemos que probar muchas cosas antes de encontrar nuestro talento. Cuando lo encuentres, tu pasión te impulsará hacia la maestría, la tutoría y el servicio. No permitas que las opiniones de los demás te desvíen de tu camino. Haz lo que amas y ama lo que haces.

Conocer nuestros dones y talentos es la clave para

comprender nuestro propósito. Los talentos suelen estar relacionados con técnicas o habilidades. Por ejemplo, podemos tener talento para la música, el arte o la ingeniería. Los dones suelen estar relacionados con el espíritu o el alma, con el servicio. Los dones nos dan energía; son nuestra inclinación natural.

John Holland, que desarrolló la Evaluación del Código Holland, teoriza que los intereses de las personas pueden clasificarse en seis áreas de preferencia:

**Realista (R)**: A estas personas les gusta arreglar las cosas. Son prácticas, fiables y modestas. Les gusta asumir riesgos y son amantes del aire libre, atléticas y mecánicas.

**Investigador (I)**: Estas personas son independientes, automotivadas, creativas, originales, intelectuales, curiosas, introspectivas, inventoras e investigadoras.

**Artístico (A):** Estas personas son flexibles, inconformistas, originales, imaginativas, de espíritu libre, creativas y con talento artístico o musical.

**Social (S)**: Estas personas son simpáticas, alegres y amables. Les gusta enseñar. Son generosas, saben escuchar, cooperan, son sociables y se interesan por los demás.

**Emprendedor (E)**: Estas personas son líderes natos y asumen riesgos. Son optimistas, seguras de sí mismas, ambiciosas, persuasivas e influyentes.

**Convencional (C)**: Estas personas son prácticas, metódicas, eficientes, responsables, concienzudas, organizadas y cuidadosas. Les gusta la rutina y el detalle.

# CAPÍTULO 14
# CÓMO DESCUBRIR TU DON ESPIRITUAL

Los dones espirituales son dones que Dios nos da para potenciar nuestras capacidades naturales y permitirnos servir a los demás con mayor eficacia. Existimos en un estado trino: cuerpo, alma y espíritu. El Génesis nos lo ilustra:

> *"Entonces Jehová Dios formó al hombre del polvo de la tierra, y sopló en su nariz aliento de vida, y fue el hombre un ser viviente".*
> -Reina Valera 1960, Génesis 2:7

Esto significa que tenemos dones del cuerpo, dones del alma y dones del espíritu. Un artista, un escultor o un atleta poseen dones del cuerpo. Un cantante, compositor, poeta, consejero u orador posee dones del alma. Un maestro, líder, predicador o sanador posee dones del espíritu. Algunos dones espirituales podrían considerarse sobrenaturales, como las curaciones, los milagros o la profecía.

Dios te dará pruebas para ayudarte a determinar tus dones, de modo que puedas ayudar mejor a los demás con ellos. Cristo dice:

*"Aquél, respondiendo, dijo: Amarás al Señor tu Dios con todo tu corazón, y con toda tu alma, y con todas tus fuerzas, y con toda tu mente; y a tu prójimo como a ti mismo".*
-Reina Valera 1960, Lucas 10:27

Desde una perspectiva cristiana, el espíritu humano es el núcleo mismo del ser de la persona y la sede esencial de su existencia. Existe la creencia común de que, cuando el cuerpo muere, el espíritu sigue viviendo como una entidad no física.

El cuerpo, o carne, es nuestra realidad física: nuestros brazos, piernas y órganos internos. El alma es un poco más complicada, porque comprende los aspectos mentales y emocionales del ser humano: la razón, el carácter, los sentimientos, la conciencia, la memoria, la percepción y el pensamiento. Son partes intangibles. Aquí es donde se originan nuestra personalidad y temperamento. El alma, a través del mecanismo de funcionamiento del cuerpo, nos permite vivir. Cuando el cuerpo muere, el alma sigue viviendo, porque no depende de los elementos físicos o naturales que sostienen el cuerpo.

Cuando los humanos se rebelaron y desobedecieron a Dios, el alma siguió existiendo, pero se cree que el espíritu en los humanos murió, separándonos de Dios e impidiéndonos tener la relación para la que fuimos creados. Por ejemplo, Jesús dice en Juan 3:1-2 que debemos nacer de nuevo (del espíritu), indicando su muerte previa. La razón por la que Dios ofreció a Su hijo en la cruz como sacrificio fue para restaurar esa relación con Dios. Cuando una persona acepta el sacrificio que Dios ofreció en Cristo Jesús, y cree en Él, esa persona se salvará (o nacerá de nuevo en el espíritu). Pondrá su fe en Cristo y le seguirá a Él y a Sus caminos, que se describen en el Nuevo Testamento. La Biblia afirma que cuando una persona cree, el Espíritu Santo -Dios en forma de Espíritu y el tercer elemento de la Trinidad- entra en ella para guiar su vida en obediencia a los mandamientos de Dios. El Espíritu Santo da a cada creyente un don espiritual que puede utilizar para realizar la obra que Dios ha planeado para él.

Ese don es la herramienta que Dios utiliza para bendecir a los demás.

Por último, los dones espirituales son capacidades dadas por el Espíritu Santo a cada creyente para crear comunidad, creciendo en la plenitud del carácter de Jesucristo.

## DONES ESPIRITUALES POTENCIALES SEGÚN PASAJES BÍBLICOS IMPORTANTES

**1. Reina Valera 1960, Romanos 12: 4-8:**

*"Porque de la manera que en un cuerpo tenemos muchos miembros, pero no todos los miembros tienen la misma función, así nosotros, siendo muchos, somos un cuerpo en Cristo, y todos miembros los unos de los otros. De manera que, teniendo diferentes dones, según la gracia que nos es dada, si el de profecía, úsese conforme a la medida de la fe; o si de servicio, en servir; o el que enseña, en la enseñanza; el que exhorta, en la exhortación; el que reparte, con liberalidad; el que preside, con solicitud; el que hace misericordia, con alegría".*

**Dones Espirituales:** Exhortación, Dar, Liderazgo, Misericordia, Profecía, Servicio y Enseñanza.

**2. Reina Valera 1960, 1 Corintios 12:**

*"No quiero, hermanos, que ignoréis acerca de los dones espirituales. Sabéis que cuando erais gentiles, se os extraviaba llevándoos, como se os llevaba, a los ídolos mudos. Por tanto, os hago saber que nadie que hable por el Espíritu de Dios llama anatema a Jesús; y nadie puede llamar a Jesús Señor, sino por el Espíritu Santo. Ahora bien, hay diversidad de dones, pero el Espíritu es el mismo. Y hay diversidad de ministerios, pero el Señor es el mismo. Y hay diversidad de operaciones, pero Dios, que hace*

*todas las cosas en todos, es el mismo. Pero a cada uno le es dada la manifestación del Espíritu para provecho. Porque a éste es dada por el Espíritu palabra de sabiduría; a otro, palabra de ciencia según el mismo Espíritu; a otro, fe por el mismo Espíritu; y a otro, dones de sanidades por el mismo Espíritu. A otro, el hacer milagros; a otro, profecía; a otro, discernimiento de espíritus; a otro, diversos géneros de lenguas; y a otro, interpretación de lenguas. Pero todas estas cosas las hace uno y el mismo Espíritu, repartiendo a cada uno en particular como él quiere. Porque así como el cuerpo es uno, y tiene muchos miembros, pero todos los miembros del cuerpo, siendo muchos, son un solo cuerpo, así también Cristo. Porque por un solo Espíritu fuimos todos bautizados en un cuerpo, sean judíos o griegos, sean esclavos o libres; y a todos se nos dio a beber de un mismo Espíritu. Además, el cuerpo no es un solo miembro, sino muchos. Si dijere el pie: Porque no soy mano, no soy del cuerpo, ¿por eso no será del cuerpo? Y si dijere la oreja: Porque no soy ojo, no soy del cuerpo, ¿por eso no será del cuerpo? Si todo el cuerpo fuese ojo, ¿dónde estaría el oído? Si todo fuese oído, ¿dónde estaría el olfato? Mas ahora Dios ha colocado los miembros cada uno de ellos en el cuerpo, como él quiso. Porque si todos fueran un solo miembro, ¿dónde estaría el cuerpo? Pero ahora son muchos los miembros, pero el cuerpo es uno solo. Ni el ojo puede decir a la mano: No te necesito, ni tampoco la cabeza a los pies: No tengo necesidad de vosotros. Antes bien los miembros del cuerpo que parecen más débiles son los más necesarios; y a aquellos del cuerpo que nos parecen menos dignos, a éstos vestimos más dignamente; y los que en nosotros son menos decorosos, se tratan con más decoro. Porque los que en nosotros son más decorosos, no tienen necesidad; pero Dios ordenó el cuerpo, dando más abundante honor al que le faltaba, para que no haya desavenencia en el cuerpo, sino que los miembros todos se preocupen los unos por los otros. De manera que, si un miembro padece, todos los miembros se duelen con él, y si un miembro recibe honra, todos los miembros con él se gozan. Vosotros, pues, sois el cuerpo de Cristo, y miembros cada uno en particular. Y a unos puso Dios en la iglesia, primeramente, apóstoles, luego profetas, lo tercero maestros, luego los que hacen milagros, después los que sanan, los que ayudan, los que administran, los que tienen don de lenguas. ¿Son todos apóstoles? ¿Son todos profetas? ¿todos maestros? ¿hacen todos milagros? ¿Tienen todos dones de sanidad? ¿hablan todos lenguas? ¿interpretan todos? Procurad, pues, los dones mejores. Mas yo os muestro un camino aún más excelente".*

**Dones Espirituales:** Administración, Apóstol, Discernimiento, Fe, Curaciones, Ayudas, Conocimiento, Milagros, Profecía, Enseñanza, Lenguas, Interpretación de Lenguas y Sabiduría.

### 3. Reina Valera 1960, Efesios 4: 11-13

*"Y él mismo constituyó a unos, apóstoles; a otros, profetas; a otros, evangelistas; a otros, pastores y maestros, a fin de perfeccionar a los santos para la obra del ministerio, para la edificación del cuerpo de Cristo, hasta que todos lleguemos a la unidad de la fe y del conocimiento del Hijo de Dios, a un varón perfecto, a la medida de la estatura de la plenitud de Cristo".*

**Dones Espirituales:** Apóstol, Evangelismo, Pastor, Profecía y Enseñanza.

## DEFINICIONES DE LOS DONES ESPIRITUALES Y SUS ESCRITURAS CORRESPONDIENTES

Para comprender mejor cada don espiritual, a continuación, se explica cada uno con un pasaje de las Escrituras que lo acompaña. También es importante saber que algunos dones espirituales están estrechamente relacionados entre sí, concretamente los dones espirituales de Poder (Fe, Curaciones, Milagros), Ministerio (Apóstol, Evangelismo, Profecía), Manifestación (Profecía, Lenguas, Interpretación de las Lenguas) y Revelación (Discernimiento, Conocimiento, Sabiduría). Estos dones relacionados también están marcados en la siguiente lista:

**Administración:** 1 Corintios 12:28—Dirigen a los demás hacia la voluntad de Dios mediante la planificación, la organización y la supervisión. Tienen una gran capacidad de organización.

**Apóstol (Ministerio):** Efesios 4:11; 1 Corintios 12:28—Están llamados a difundir la palabra de Dios a los demás, son buenos líderes y son sensibles a los asuntos espirituales.

**Discernimiento (Revelación):** 1 Corintios 12:10—Capaces de ver la diferencia entre la verdad y el error y de diferenciar entre el bien y el mal en los demás.

**Evangelización (Ministerio):** Efesios 4:11—Llamados a hablar de Dios a los demás.

**Exhortación:** Romanos 12:8—Confortan, aconsejan y anima a los demás.

**Fe (Poder):** 1 Corintios 12:8-10—Caminan no con la vista, sino por una confianza total en Dios, manteniéndote firmemente en las promesas de Dios.

**Dar:** Romanos 12:8—Son generosos y dad gratuitamente donde haya necesidad.

**Curaciones (Poder):** 1 Corintios 12:9, 28, 30—Tienen poder sobrenatural para curar mediante la fe, y ayudar a los demás a creer en la capacidad de Dios para curar.

**Ayuda:** 1 Corintios. 12:28—Buscan servir a los demás y ayudar donde haya necesidad.

**Hospitalidad**: 1 Pedro 4:9, 10—Acogen calurosamente en casa o en la iglesia a las personas, incluso a los extraños, como medio de servir a los necesitados de comida o alojamiento.

**Conocimiento (Revelación)**: 1 Corintios 12:8—Estudiantes de la Biblia que buscan comprender plenamente Su palabra.

**El liderazgo:** Romanos 12:8—Líderes o pastores con la responsabilidad de guiar a otros creyentes.

**Misericordia:** Romanos 12:8—Cariñosos, empáticos y compasivos con las necesidades de los demás. Pueden relacionarse emocionalmente con los demás y sentir el dolor ajeno y proporcionar consuelo.

**Milagros (Poder):** 1 Corintios 12:10, 28—Similar a los que tienen el don de curar, pueden aprovechar cosas que normalmente no son posibles mediante el poder de Dios. Jesús poseía este don cuando multiplicó una pequeña ración de comida para alimentar a miles de personas.

**Misionero:** Efesios 3:6-8—Llamados a otras naciones para compartir la palabra de Dios.

**Pastor:** Efesios 4:11—Similar al don de liderazgo, pero es específico para dirigir a un grupo de creyentes.

**Profecía (Ministerio/Manifestación):** Romanos 12:6; 1 Corintios 12:10; Efesios 4:11—Palabras dadas por Dios para hablar sobre acontecimientos futuros o interpretar acontecimientos actuales.

**El servicio:** Romanos 12:7—Sirven en las capacidades para ayudar a los demás en lo que sean capaces.

**Enseñanza (Ministerio):** Romanos 12:7; 1 Corintios 12:28; Efesios

4:11—Dotados para tomar la palabra de Dios e instruir a otros en su comprensión y aplicación a sus vidas.

**Lenguas (Manifestación):** 1 Corintios 12:10; 14:27-28—Hablan en una lengua extranjera o celestial para estar en comunión con Dios o comunicarse con los demás.

**Interpretación de las Lenguas (Manifestación):** 1 Corintios 12:10; 14:27, 28—Interpretan el lenguaje de los que tienen el don de lenguas para edificar a los demás.

**Sabiduría (Revelación):** 1 Corintios 12:8—Aplican el conocimiento de forma práctica para comprender verdades mayores.

**Enseñanza (Ministerio):** Romanos 12:7; 1 Corintios 12:28; Efesios 4:11—Dotados para tomar la palabra de Dios e instruir a otros en su comprensión y aplicación a sus vidas.

**Lenguas (Manifestación):** 1 Corintios 12:10; 14:27-28—Hablan en una lengua extranjera o celestial para estar en comunión con Dios o comunicarse con los demás.

**Interpretación de las Lenguas (Manifestación):** 1 Corintios 12:10; 14:27, 28—Interpretan el lenguaje de los que tienen el don de lenguas para edificar a los demás.

**Sabiduría (Revelación):** 1 Corintios 12:8—Aplican el conocimiento de forma práctica para comprender verdades mayores.

*Para identificar tus dones espirituales, visita los siguientes*
*sitios web:*
*freeshapetest.com*
*mintools.com*
*giftstest.com*

# CAPÍTULO 15
# EVALUACIONES PARA AYUDARTE A DESCUBRIR TU PROPÓSITO

La filosofía japonesa *ikigai* puede definirse a grandes rasgos como un método para encontrar el propio propósito y motivación en la vida (de *iki* que significa "vida" y *gai* que significa "razón"). Debido a su enfoque único, que es a la vez idealista y práctico, personal y laboral, el concepto y el mapa del ikigai son una herramienta útil para cualquiera que busque una dirección. Considera cuatro esferas al abordar la cuestión de lo que debemos hacer con nuestras vidas (cada esfera asociada a un determinado enfoque vital o conjunto de preocupaciones):

- Lo que amas (Amor)
- Lo que necesita el mundo (Virtud)
- Por lo que te pueden pagar (Seguridad)
- En qué eres bueno (Maestría)

A continuación, se explica lo que significa cada una de estas esferas en tu vida.

## LO QUE TE GUSTA

Te traerá alegría hacer lo que te gusta. Todos buscamos las cosas que el dinero realmente no puede comprar: los elementos intangibles que nos hacen felices. Puede ser la alegría que sentimos cuando estamos con quienes amamos o la gratitud que sentimos cuando la prueba médica da negativo y cuando sabemos que alguien nos quiere de verdad.

Cuando hacemos lo que nos gusta, se despierta algo en nuestro interior que activa nuestra naturaleza creativa y nuestro ser. Es algo que haríamos todo el tiempo si pudiéramos. Hacer lo que amas está relacionado con el propósito, porque el propósito tiene todo que ver con el "Por qué" haces las cosas. Son las cosas que te impulsan y que te apasionan. Hacer lo que amas te alinea con aquello para lo que Dios te creó. El mundo está lleno de personas que hacen cosas que no aman porque sienten que deben sobrevivir o ganar dinero. Si más gente pudiera hacer lo que ama, se daría cuenta de que haciendo lo que amas puedes ganar más dinero del que jamás creíste posible.

## LO QUE NECESITA EL MUNDO

Se trata de conectar tu amor o pasión por algo con tus dones naturales, talentos y fuerza para satisfacer una necesidad que puedan tener los demás. Un buen ejemplo de esto es lo que ocurrió recientemente en las montañas de Carolina del Norte. Tras un reciente huracán, personas con diferentes pasiones y habilidades se unieron para ayudar a quienes se habían quedado sin casa, comida, agua y electricidad. Cuando podemos emparejar nuestro amor y nuestras habilidades con las necesidades de los demás, siempre seremos necesarios. Esta conexión es lo que cumple nuestro propósito. Fuimos creados para satisfacer una necesidad. Una vez que identificas tu propósito y lo utilizas para satisfacer una necesidad, has empezado a descubrir la razón de tu existencia.

## POR LO QUE TE PUEDEN PAGAR

Esto tiene todo que ver con monetizar tu propósito. Lo curioso de vivir tu propósito vocacionalmente es que ni siquiera parece que estés trabajando. Edison y Ford me vienen a la mente como ejemplos. Ambos hombres amaban lo que hacían, aprovecharon su genio creativo y trabajaron sin descanso, a menudo sin remuneración, hasta que sus sueños se manifestaron y ganaron mucho dinero. Cuando nos convertimos en expertos en lo que nos apasiona, podemos fijar nuestro precio y la gente pagará lo que pedimos. Al dominar nuestro propósito, nos hemos diferenciado de los demás y estamos prestando un servicio muy necesario por el que la gente está dispuesta a pagar.

## EN QUÉ ERES BUENO

Hacer lo que se te da bien tiene mucho que ver con tus dones, talentos o puntos fuertes y se relaciona con lo que amas. Cuando amas algo, vas a querer hacer más de ello y comprenderlo mejor. Por ejemplo, si a un chico le encanta ver carreras de automóviles, es probable que empiece a estudiar los automóviles y su funcionamiento. Puede que incluso tome clases de mecánica automovilística. Cuanto más alimente uno su pasión, mejor se le dará.

Muy pocas personas nacen con dones naturales, como saber pintar o cantar como un profesional. Si te apoyas en tus dones, talentos y puntos fuertes naturales y dominas tu habilidad, naturalmente te buscarán otros para que les prestes tus servicios.

Como muestra el diagrama inicial anterior, cada esfera se solapa con otras de forma que llenan parcialmente el cuadro de nuestra vida, aunque no toda:

**Misión** (Amor y Virtud):
Lo que amas y el mundo necesita

**Vocación** (Virtud y Seguridad):
Lo que el mundo necesita y por lo que te pueden pagar

**Profesión** (Seguridad y Maestría):
Por lo que te pueden pagar y se te da bien

**Pasión** (Maestría y Amor):
Lo que se te da bien y te gusta

Sin embargo, todas estas esferas se solapan en el centro, que es donde estamos verdaderamente alineados en las cuatro esferas y nuestra vida tiene sentido y está en equilibrio. Al movernos hacia el centro de los cuatro círculos, emprendemos acciones que satisfacen completamente nuestro *ikigai*, lo que nos proporciona un sentido completo de propósito y significado.

*Para hacer una evaluación Ikigai, visita*
*ikigaitest.com*

## ÍNDICE KOLBE A

El Índice Kolbe A es una evaluación de 36 preguntas que mide cómo actúa una persona, tanto individualmente como cuando trabaja con otras. Evalúa cómo actuamos cognitivamente (instintivamente, por qué hacemos lo que hacemos) o intencionada-mente cuando estamos siendo nosotros mismos. Las 36 preguntas examinan cuatro modos de acción diferentes, puntuando las respuestas en una escala del 1 al 10 en cada modo para determinar el método de actuación de una persona. Los cuatro modos de acción son:

1. **Buscador de hechos**: Este modo mide cómo reúnes y compartes información.

2. **Seguimiento:** Este modo mide cómo organizas la información

3. **Inicio Rápido**: Este modo trata de cómo te enfrentas a los riesgos y a la incertidumbre.

4. **Implementador:** Este modo es cómo manejas el espacio y los tangibles.


Las puntuaciones más altas entre estos cuatro modos de acción indican el "método de funcionamiento" personal de un indivi-duo, o el método principal que utiliza para resolver proble-mas. Cuando hice el test, mis resultados fueron un tres en Buscador de Hechos, un tres en Seguimiento, un nueve en Inicio Rápido y un tres en Implementador. Con una puntua-ción baja en Buscador de Hechos, no necesito todos los deta-lles para actuar, lo cual es perfecto para mí como emprendedor y visionario: demasiada información me abruma. Tener una puntuación baja en Seguimiento significa que me adapto a la información que obtengo para tomar la mejor decisión rápida-mente, en lugar de analizar en exceso o necesitar que todo esté fijado en su sitio.

Mi alta puntuación como Inicio Rápido significa que asimilo la información, la organizo de forma que pueda entenderla y luego innovo para tomar la mejor decisión posible. Por último, mi baja puntuación como Implementador significa que entonces tengo una idea general de cómo podría llevarse a cabo mi inno-vación, en lugar de planificar toda la logística, lo que también está perfectamente en consonancia con mi naturaleza emprende-dora y visionaria.

En una empresa o en un equipo, debes tener un buen equili-brio general de puntuaciones altas en cada categoría distribuidas por todo el equipo para poder tomar decisiones sabias y bien fundamentadas. Personalmente, me fijo en los Buscadores de Hechos para obtener información, luego en los de gran Segui-miento para organizarla y planificar qué hacer. Por último, busco buenos Implementadores para asegurarme de que todo se haga (y, como persona de Inicio Rápido, puedo conseguir el impulso para el panorama general a través de todo lo anterior sin nece-sidad de hacer cada paso yo mismo).

*Para realizar tú mismo la evaluación del Índice Kolbe A, visita*
*kolbe.com/kolbe-a-index*

## CÓDIGO DE COLOR

El test del Código de Color te ayuda a determinar no sólo *lo que* haces, sino *por qué* lo haces, revelando tus motivos, necesidades y deseos en función de tu tonalidad personal. Me ha resultado especialmente útil para comprenderme a mí mismo, conectar con los demás y formar un equipo cohesionado en el trabajo.

En el test del Código de Color, se clasifica a las personas en diferentes colores o tipos de personalidad (Rojo, Azul, Blanco y Amarillo) en función de su personalidad y de cómo enfocan el trabajo en equipo. Cada color tiene sus propios rasgos y caracte-rísticas, como se explica a continuación:

## ROJO

Los rojos se mueven principalmente por el poder y la necesidad de tener el control. Les encanta el liderazgo, buscan puestos de autoridad y están dispuestos a sacrificarse para conseguirlos. Productivos y orientados al trabajo, sólo realizan tareas que les

interesan e intentan evitar que les obliguen a seguir las prioridades de los demás.

Del mismo modo, los Rojos pueden ser conflictivos y tienden
más a un sentido del respeto que a una conexión emocional
abierta. Sus necesidades consisten principalmente en ser técnica-
mente correctos o "tener razón", preocupándose por cómo les
ven los demás. Asimismo, sus deseos son ser desafiados, tener
aventuras, liderar a los demás y ocultar sus inseguridades.
Aunque los Rojos pueden ser difíciles de manejar y pueden
parecer "maniáticos del control", a menudo son muy productivos en un equipo. Para obtener lo mejor de ellos, necesitan
tener unos límites claros y una comunicación neutral y sin
emociones, basada en hechos objetivos.

## AZUL

Principalmente, los azules buscan intimidad y vínculos emocionales profundos. Les gusta ayudar a los demás y buscan oportunidades para tener un impacto positivo. Para tener esas
relaciones significativas, pueden estar dispuestos a sacrificar sus
propias ambiciones o éxitos. Son muy cariñosos y altruistas, y se
centran en comprender a los demás y en las conexiones
auténticas.

Los azules valoran más la comprensión emocional que la
eficacia, y su brújula moral guía sus decisiones. Ser "buenos" y
hacer lo correcto les llena, y sus principales necesidades son ser
apreciados y comprendidos como personas éticas e íntegras.
Quieren seguridad y relaciones sólidas en las que puedan
compartir y ser vulnerables. Aunque los azules pueden ser sensibles o abnegados, se encuentran entre los miembros del equipo
más dignos de confianza. Para rendir al máximo, necesitan que
se les aprecie y reconozca sinceramente, y que se les den oportunidades de conectar con la gente y ayudarla.

## BLANCO

La paz y la independencia son lo que impulsa a los blancos. Les encanta la armonía y tener su espacio, evitando la confrontación como forma de mantener la autonomía y el equilibrio en sus vidas. Los blancos son receptivos y adaptables, se dejan llevar por la corriente en vez de imponerse a los demás, pero sólo si los demás les tratan con amabilidad y respeto.

Los blancos valoran un sentido tranquilo de la fuerza en lugar de la fuerza bruta y ruidosa; se resisten al control de los demás de forma sutil pero firme. Aunque pueden transigir para mantener la paz, conocen sus propios límites. Los blancos necesitan que se les permita ir a su ritmo y que se les muestre amabilidad y respeto; de hecho, a menudo no pueden entender por qué alguien actuaría de otro modo. Quieren libertad y satisfacción siguiendo su propio ritmo en la vida. Aunque los blancos pueden parecer pasivos o demasiado flexibles a veces, tienen su propia resistencia y empuje. Para obtenerlo de ellos, hay que animarlos y tratarlos con delicadeza, dándoles respeto y sugerencias en lugar de exigencias tajantes.

## AMARILLO

Por último, lo que impulsa a los amarillos es el sentido de la diversión y el juego. Necesitan conexión social, prosperan con la excitación y la atención y ven la vida como una gran fiesta llena de oportunidades para el entretenimiento y la aventura. Socialmente orientados y enérgicos, los amarillos dan prioridad a la amistad y a las actividades que les mantengan comprometidos y entusiasmados.

En sus interacciones con los demás, los amarillos tienden a una sensación de juego fluido en lugar de una concentración intensa. Dirigen con entusiasmo y conexión física, y necesitan una retroalimentación positiva constante para sentirse seguros. Conseguir la aprobación y la atención social también es clave, ya que tienen un fuerte deseo de ser elogiados. Buscan oportunidades para estar en el centro de la sala o ser el alma de la fiesta. Algunos amarillos pueden parecer indiferentes o inquietos, pero también tienen emociones profundas bajo la superficie. Dar a los amarillos suficientes elogios y tiempo para socializar les ayuda a mantenerse comprometidos: este sentido de la comprensión sacará lo mejor de ellos.

Para un resumen rápido de los cuatro tipos de color, junto con sus motivos, necesidades y deseos, consulta la tabla siguiente.

| Color | Rojo | Azul | Blanco | Amarillo |
|---|---|---|---|---|
| Motivación | Poder | Intimidad | Paz | Diversión |
| Necesitan | • Lucir bien (técnicamente)<br>• Estar en lo cierto | • Ser bueno (moralmente)<br>• Ser comprendido<br>• Ser apreciado | • Sentirse bien (por dentro)<br>• Que se les permita tener su propio espacio<br>• Que se les respete<br>• Tolerancia | • Lucir bien (socialmente)<br>• Llamar la atención<br>• Recibir elogios |
| Quieren | • Ocultar inseguridades<br>• Productividad<br>• Liderazgo | • Revelar inseguridades<br>• Calidad<br>• Autonomía<br>• Seguridad | • Ocultar inseguridades<br>• Amabilidad<br>• Independencia<br>• Satisfacción | • Ocultar inseguridades<br>• Felicidad<br>• Libertad<br>• Aventura lúdica |

*Para hacer el Test de Personalidad del Código de Color, visita*
*colorcode.com/choose_personality_test*

### Colores verdaderos

El test de Colores Verdaderos también clasifica en categorías basadas en el "color" de la personalidad, y cada persona acaba siendo azul, dorada, verde o naranja. Concretamente, el test de Colores Verdaderos intenta enseñarnos a tratar con otras personalidades de la forma que mejor acentúe la nuestra. De este modo, se consigue un lugar de trabajo cohesionado y productivo; en otras palabras, ¡esta prueba es ideal para realizarlo en equipo! A continuación, se exponen los rasgos y patrones comunes a cada uno de los colores:

## AZUL

**Personalidades**
Taylor Swift - Oprah - Martin Luther King Jr. - Piglet de *Winnie the Pooh*

**Rasgos**
Optimista - Receptivo - Solidario - Cuidador
- Entusiasta - Apasionado - Romántico - Pacificador
- Cooperativo - Espiritual - Orientado a las personas

**Estresantes**
Conflicto - Aislamiento - Rechazo - Negatividad
- Ser "utilizado" - Apatía - Falta de sinceridad - Falta de reconocimiento o aprecio - No ser auténtico - No compartir - Decir "no"

**Percepción**
Cariñoso - Confiado - Da el beneficio de la duda - Trabaja incansablemente por una causa - Solidario - Se interesa de verdad por los demás

**Cómo pueden percibirlos los demás**
Demasiado emocional - Ingenuo - Demasiado comprometido - Asfixiante - Entrometido

**Cuando hables con un azul**
Reconócelos - Sé amable - Escucha sus sentimientos (habla en privado) - Escúchalos - Estrategia "Feedback sandwich" (Crítica constructiva entre dos comentarios positivos - Sinceridad por encima del sarcasmo y las burlas

**Si eres azul**
Intenta leer entre líneas - Añade "No" a tu vocabulario - Habla más alto - Sé más directo a veces
- Intenta no divagar e ir al grano

**Beneficios del trabajo en equipo**
Entusiasmo - Tutoría - Creación de equipos - Apoyo
- Empatía

## ORO

**Personalidades**
Hermione Granger - Martha Stewart - Sr. Rogers
- George Washington - Conejo de *Winnie the Pooh*

**Rasgos**
Preparado - Le gusta la estructura - Bien organizado - Cumplidor
- Detallista - Le gusta planificar - Puntual
- Procedimental - Sigue las normas - Valora la tradición - Frugal

**Estresantes**
Falta de seguimiento - No cumplir el horario o los planes -
Cambios - Expectativas poco claras - No saber dónde encajan o
no pertenecer - Falta de coherencia, liderazgo, plan maestro -
Obligados a descuidar el tiempo con la familia o las tradiciones -
Incumplimiento de los plazos - Infractores de las normas

**Percepción**
Estable y fiable - Sabe lo que es mejor
- Responsable - Orientado a objetivos - Puntual

**Cómo pueden percibirlos los demás**
Rígido, testarudo - Juzgador - Mandón, controlador
- Adicto al trabajo - Rígido con el tiempo

**Cuando hables con un oro**
Comunícate por escrito - No interrumpas - Sé concreto - Cierra -
No te salgas del objetivo (tarea, tema y tiempo) - Sé coherente

**Si eres oro**
Ten paciencia cuando otros hablen en direcciones diferentes - Sé
abierto de mente y considera otras opciones - Sé consciente de lo
mucho que te estás exigiendo a ti mismo y a los demás - "Relá-
jate" - Acepta la forma de hacer las cosas de los demás si el objetivo final es el mismo

**Beneficios del trabajo en equipo**
Planificación - Supervisión - Normas o políticas - Precisión
- Organización y categorización

# VERDE

**Personalidades**
Sr. Spock - Abraham Lincoln - Steve Jobs - Benjamín Franklin -
Harry Potter - Búho de *Winnie the Pooh*

**Rasgos**
Innovador e inventivo - Solucionador de problemas - Mentalidad
del "por qué" - Tranquilo, frío, sereno - Intelectual
- Independiente - Analítico y estratégico
- Las relaciones son lógicas - Perfeccionista - Suele dominar la
tecnología

**Estresantes**
Personas demasiado sensibles - Falta de pensamiento independiente - Charlas triviales - Errores o ineptitud propia o ajena -
Decisiones tomadas sin datos - Redundancia o rutina - Buro-
cracia - Nada nuevo que esperar, sin variedad - Hacer parecer
incompetente

**Percepción**
Conocedor -Confiado -Innovador -Independiente
- Lógico

**Cómo pueden percibirlos los demás**
Esnobs intelectuales -Arrogantes - Excéntricos, raros
- Antisocial - Sin corazón

**Cuando hables con un Verde**
Dales tiempo para pensar - Dales independencia - Atente a la
lógica - Reconoce sus aportaciones y su inteligencia
- No malinterpretes su necesidad de información

**Si eres un Verde**
Relaja los "porqués" - Deja que los demás expresen su emoción -
Aprende a escuchar sin "arreglar" - Ahórrate el debate - Informa
a los demás cuando estés procesando

**Beneficios del trabajo en equipo**
Información - Ideas - Creatividad - Toma de decisiones objetiva -
Firmeza - Crítica y mejora

## NARANJA

**Personalidades**
Lucille Ball - Príncipe Harry - Capitán Kirk - John F. Kennedy -
Tigger de *Winnie the Pooh*

**Rasgos**
Enérgico - Le gustan los cambios - Juguetón - Maestro negociador - Animador nato - Sobrepasa los límites - Le gusta el caos
- Hace que las cosas sucedan - Espontáneo y despreocupado - Se
desenvuelve bien en entornos no estructurados

### Estresantes

Falta de libertad o de opciones, sentirse atrapado - Incapaz de utilizar sus habilidades - Obligado a callar o a no participar - Atención insuficiente - Espera - Lentitud de acción - Indecisión - Rutina - Falta de contacto físico - Detalles, papeleo - Inactividad, restricción del movimiento físico

### Percepción

Directo - Mantiene las opciones abiertas - Fácil de llevar - Negociador flexible

### Cómo pueden percibirlos los demás

Grosero, brusco, "sin filtro" - Irresponsable - Poco serio - Ignora las normas - Manipulador

### Cuando hables con una naranja

Muéstrate alegre - Iguala su velocidad - Aprecia su estilo - Sé directo y ve al grano

### Si eres una naranja

Sé consciente de cómo te estás mostrando - Dale tiempo a la gente para que lo procese - Haz una pausa antes de comprometerte

### Beneficios del trabajo en equipo

Energía - Asunción de riesgos - Entretenimiento - Risas - Negociación - Honestidad

*Para realizar tú mismo el test Colores Verdaderos (True Colors),*
*visita*
*my-personality-test.com/true-colours*

## WORKING GENIUS

Creada por Table Group, una empresa que ofrece consultoría sobre culturas organizativas, la evaluación Working Genius es otra prueba estupenda para hacer con tu equipo. El punto fuerte de la evaluación es su sencillez. Atraviesa muchas dinámicas complejas, destila muchas cosas diferentes a la vez y clasifica a las personas en los tipos de trabajo que les ayudarán a prosperar (y es una de las pocas pruebas que lo hace de este modo).

El test ayuda a identificar el nivel de genialidad de una persona en seis atributos clave: Maravilla, Invención, Discernimiento, Galvanización, Habilitación y Tenacidad. Estos dones naturales o "Genios" se describen a continuación:

**El Genio de la Maravilla:** Reflexionar sobre la posibilidad de un mayor potencial y oportunidad en una situación dada.

**El genio de la Invención:** Crear ideas y soluciones originales y novedosas.

**El Genio del Discernimiento:** Evaluar intuitiva e instintivamente ideas y situaciones.

**El Genio de la Galvanización:** Reunir, inspirar y organizar a otros para que pasen a la acción.

**El Genio de la Habilitación:** Dar aliento y ayuda para una idea o proyecto.

**El Genio de la Tenacidad:** Empujar proyectos o tareas hasta su finalización para conseguir resultados.

Estos seis Genios se clasifican a su vez en tres grupos: Ideación (Maravilla, Invención), Activación (Maravilla, Discernimiento) e Implementación (Habilitación, Tenacidad). Este proceso ayuda a crear un Mapa de Equipo, que permite a los líderes clasificar a los miembros del equipo por puntos fuertes y débiles (áreas de Working Genius frente a Frustración Trabajadora) y hacer ajustes que conduzcan a una mayor productividad y realización.

Mientras que los tests de personalidad nos ayudan a comprender nuestro propio cableado y las evaluaciones laborales examinan nuestras aptitudes profesionales, la evaluación Working Genius combina ambas para ayudar a todo un equipo a comprender cómo pueden trabajar mejor juntos en cosas como reuniones, proyectos y contrataciones.

*Para obtener más información o realizar la evaluación Working Genius, visita: workinggenius.com*

### The Why of You (PRINT®)

Creada por el Grupo Paul Hertz (PRINT®), la encuesta The Why of You examina la motivación y el comportamiento humanos para comprender cómo y por qué las personas reaccionan como lo hacen, por qué toman determinadas decisiones, por qué se sienten atraídas por ciertas cosas y por qué rinden mejor en determinadas situaciones en comparación con otras. Al obtener estas percepciones, el test espera ayudarnos a aumentar nuestro rendimiento.

The Why of You revela nueve impulsores ocultos de nuestros pensamientos, sentimientos y acciones (Motivadores Inconscientes), argumentando que cada persona tiene dos, uno Mayor y otro Menor. Este sistema crea 72 "huellas" o perfiles diferentes para ayudarte a comprender tus acciones pasadas y predecir lo que podrías hacer en el futuro.

En conjunto, el objetivo de la encuesta es ayudar a disminuir la frecuencia de nuestro comportamiento Sombra: acciones negativas que proceden de nuestros Motivadores Inconscientes y nos alejan de nuestro Mejor Yo. Nuestra Sombra es nuestra respuesta automática a los factores estresantes de nuestra vida, pero puede ser más automática para algunas personas (mientras que otras pueden estar más cerca de su Mejor Yo automáticamente). El entorno profesional y personal de una persona desempeña un papel, al igual que su nivel de autoconciencia.

Conocer tus Motivadores Inconscientes proporciona una base para aumentar los resultados positivos y reducir los negativos en todos los aspectos de tu vida. Nos comportamos de una manera cuando nuestros Motivadores Inconscientes están satisfechos, porque actuamos como nuestro mejor yo. Cuando están insatisfechos, podemos verlo en nuestros comportamientos de Sombra. Personalmente, me doy cuenta de que esto ocurre cuando algo me desencadena y me vuelvo más reaccionario.

The Why of You proporciona una visión de por qué ciertas situaciones son atractivas, por qué gravitas hacia ellas y cuándo rendirás bien. Saber "por qué" acelera tu crecimiento y transformación.

*Para realizar la evaluación PRINT®, visita*
*paulhertzgroup.com/what-is-print/*

## DISEÑO HUMANO

Combinando aspectos de la astrología, el I-Ching, la Cábala y el sistema de chakras, el Diseño Humano ofrece un plano energético personalizado llamado Bodygraph que puede ayudarte a guiar tu vida. El Bodygraph ofrece perspectivas sobre la toma de decisiones y el propósito de nuestras vidas, además de ayudarnos a mejorar nuestras relaciones, carreras y sensación general de bienestar.

Aunque el Diseño Humano es una evaluación compleja que lleva tiempo comprender, comienza con la descodificación del Bodygraph, que viene determinado por la hora de nacimiento, el día y el lugar.*

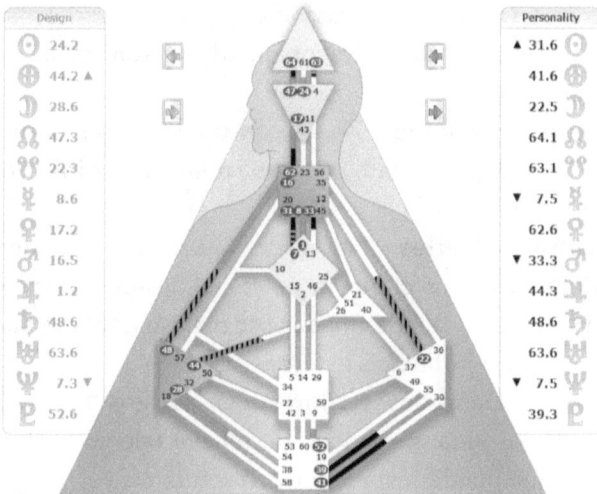

El Bodygraph tiene distintos conjuntos de partes, como se indica a continuación:

**1. Centros:** Estas nueve formas geométricas corresponden a tus centros energéticos y a distintos aspectos de tu ser: la **Cabeza (Inspiración), Ajna (Conceptualización), Garganta (Comunicación), Yo/G (Identidad), Corazón (Fuerza de Voluntad), Sacro (Fuerza Vital), Plexo Solar (Emociones), Bazo (Intuición)** y **Raíz (Presión)**.

**2. Canales:** Las líneas que conectan los distintos centros se llaman canales. Representan el flujo de energía entre los distintos aspectos de tu personalidad.

**3. Puertas:** Dentro de cada centro hay varias puertas, que representan diferentes entradas y salidas posibles (o caminos) a través de cada canal por donde puede fluir la energía, lo que a su vez representa diferentes energías o temas de tu vida. Hay 64 en total, que reflejan los 64 hexagramas del I-Ching.

Además, los Centros pueden estar **definidos, indefinidos** o **abiertos**, los Canales pueden **estar definidos** o **indefinidos** y las Puertas pueden estar **activadas** o **inactivas**. Cada uno de estos detalles también tiene un significado único:

**1. Centros Definidos:** Áreas de energía y fuerza constantes, los aspectos centrales de tu personalidad que son constantes a lo largo del tiempo.

**2. Centros Indefinidos:** Zonas con potencial de crecimiento, aprendizaje y adaptabilidad, o zonas en las que te influyen más los demás y tu entorno.

**3. Centros Abiertos**: Zonas de "pizarra en blanco" sin puertas definidas y con el mayor potencial de aprendizaje y sabiduría, pero también donde puedes ser más susceptible al condicionamiento y a la influencia externa.

**4. Canales Definidos (Coloreados):** Rasgos fijos y temas constantes en tu vida que ponen de relieve talentos naturales y áreas en las que puedes expresarte con confianza.

**5. Canales Indefinidos:** Oportunidades de desarrollo y exploración, que señalan áreas en las que puedes adquirir sabiduría a través de experiencias e interacciones con los demás.

**6. Puertas Activas (Coloreadas):** Energías específicas que están activas en tu vida, contribuyendo a tu expresión única y a las lecciones que estás aquí para aprender.

**7. Puertas Inactivas (Blancas)**: Representan áreas potenciales de crecimiento y exploración. Son aspectos de tu personalidad que tal vez no se expresen de forma coherente, pero que pueden desarrollarse o verse influidos por factores externos.

En el Diseño Humano, la interacción de Centros, Canales y Puertas conduce a cada Gráfico Corporal a uno de los cinco Tipos diferentes de persona: **Manifestadores, Generadores, Generadores Manifestadores, Proyectores** y **Reflectores**. Cada tipo tiene sus propias funciones y rasgos, que son los siguientes:

**1. Manifestadores**: Los Manifestadores son iniciadores con capacidad para hacer realidad sus ideas y visiones sin necesidad de esperar a señales externas. Constituyen el nueve por ciento de la población de todos los seres humanos, y causan impacto informando a los demás de sus propósitos y allanando el camino para unas interacciones más fluidas. Entre los Manifestadores famosos se encuentran Frida Kahlo y Robert De Niro.

**2. Generadores**: Los generadores son los constructores y los hacedores. Poseen una fuente de energía sostenible que puede llevarles a una inmensa satisfacción y realización cuando se alinean con el trabajo que aman. Los Generadores, que constituyen el 37% de la población, suelen tener carreras que implican plenamente sus habilidades y pasiones.

**3. Generadores Manifestadores**: Un híbrido de los tipos anteriores, los Generadores de Manifestaciones son dinámicos y eficientes. Constituyen el 33% de la población, pueden hacer malabarismos con múltiples tareas y dar vida a sus visiones con rapidez y eficacia. En la vida, los Generadores de Manifestaciones deben seguir su instinto y comunicar sus planes para evitar resistencias.

**4. Proyectores**: Los Proyectores, que constituyen aproximadamente el 20% de la población, son guías y directores. Tienen una capacidad natural para comprender los sistemas y ver el panorama general, y su éxito depende de que se les reconozca y se les invite a compartir sus ideas.

**5. Reflectores**: Los Reflectores son el tipo más raro, ya que sólo constituyen el 1% de la población. Son los espejos de la sociedad, pues reflejan la salud y el bienestar de su comunidad (o la falta de ellos). La perspectiva única de los Reflectores les permite ofrecer una visión objetiva, pero también significa que necesitan más tiempo para procesar sus experiencias antes de tomar decisiones.

Cada Tipo tiene su propia **Estrategia**, o método para conseguir nuestros mejores resultados a través de las interacciones con los demás:

- **Generadores y Generadores Manifestadores**: Esperan para responder, confían en el instinto.

- **Manifestadores**: Iniciar la acción e informar a los demás para reducir la resistencia.

- **Proyectores**: Esperan invitaciones para compartir ideas.

- **Reflectores**: Esperan un ciclo lunar completo antes de tomar una decisión importante.

Todo lo anterior se combina con mayor detalle para definir la **Autoridad** de una persona (siete opciones relacionadas con los Centros y que afectan a la toma de decisiones), la **Circuitería** (forma de la energía que fluye a través de Puertas y Canales) y el **Perfil** (12 opciones que dependen de nuestra Circuitería y que afectan a nuestros lados consciente e inconsciente). Como este sistema está tan implicado, puede llevar más tiempo procesarlo, pero también puede dar lugar a ricas percepciones sobre nuestras vidas.

*Para explorar tu propio Bodygraph de Diseño Humano, visita:*
*myhumandesign.com*

## TEST DE LOS ELEMENTOS

¡El test de los Elementos es divertido! Diseñado para niños (y animándote a hacer el test como tu yo de 15 años), examina las energías fundamentales que subyacen a nuestras cualidades energéticas y de liderazgo. Mediante el test, se nos clasifica en cinco arquetipos elementales: **Madera, Fuego, Agua, Tierra** y **Oro**. Éstos se relacionan con diversos rasgos y tendencias, como se explica a continuación:

- **Fuego**: Celebración, pasión, optimismo, alegría, espontaneidad, creatividad y relajación, fuerza de voluntad, liderazgo. Los que se alinean con la energía Fuego están orientados a la acción, son aventureros y apasionados.

- **Tierra**: Armonía, colaboración, comunidad, empatía, confianza, cooperación, acuerdo, paciencia, disciplina, estabilidad. Los que se alinean con la Tierra son prácticos, fiables y tienen los pies en la tierra.

- **Agua**: Intuición, perspicacia, sentido, paciencia, intimidad, introspección, dignidad, paz, inteligencia emocional, adaptabilidad. Las personas orientadas al agua son cariñosas, empáticas y flexibles.

- **Madera**: Libertad, movimiento, propósito, impulso, objetivos, independencia, competición, elección. Las personas alineadas con la Madera son extrovertidas, aventureras, expansivas y valientes.

- **Oro**: Gracia, belleza, excelencia, orden, rutina, exactitud, justicia, previsibilidad. Los Oro tienden a ser organizados, tranquilos, ingeniosos y reservados.

Al examinar tus energías fundamentales, el Test de los Elementos proporciona:

- **Mayor autoconocimiento**: Comprensión de los puntos fuertes y las áreas de mejora.

- **Mejores habilidades interpersonales**: Cómo interactuar con los demás reconociendo sus energías elementales.

- **Liderazgo más equilibrado**: Liderar de forma holística integrando los cinco elementos.

- **Crecimiento personal y profesional**: Creación de equipos completos equilibrando las energías elementales para una mejor colaboración.

- **Realización**: Encontrar la armonía equilibrando todos estos aspectos.

*Para hacer el test de los Elementos, visita*
*tournesolkids.org/assessment*

## EVALUACIÓN DISC

La evaluación DiSC® está diseñada para armonizar tu lugar de trabajo y la emiten más de un millón de personas cada año para mejorar el trabajo en equipo, la comunicación y la productividad en el trabajo. Los perfiles que se encuentran en este test -clasificados en D, i, S y C- proporcionan el conocimiento que tu equipo necesita para comprenderse a sí mismo y comunicarse consigo mismo. Como se describe en la propia evaluación, cada categoría tiene sus propios rasgos:

- **(D)ominio**: Personalidades seguras, énfasis en los resultados finales.

- **(i)nspiración**: Personalidades abiertas, énfasis en la influencia, la persuasión y las relaciones.

- **(S)oporte**: Personalidades fiables, énfasis en la cooperación y la sinceridad.

- **(C)onsciencia:** Personalidades orientadas al detalle, énfasis en la calidad, la precisión, la experiencia y la competencia.

La evaluación valora las prioridades de una persona para dar más matices y comentarios sobre su personalidad individual, pero también es valiosa a escala, para que las organizaciones comprendan cómo crear mejores equipos, mejorar la comunicación, enfocar las ventas y mucho más. Al igual que otras evaluaciones en el lugar de trabajo, el test nos ayuda a comprender cómo lograr el equilibrio entre nosotros y los demás que muestran los cuatro rasgos mencionados.

*Para realizar la evaluación DiSC® , visita*
*thediscpersonalitytest.com*

## ENEAGRAMA

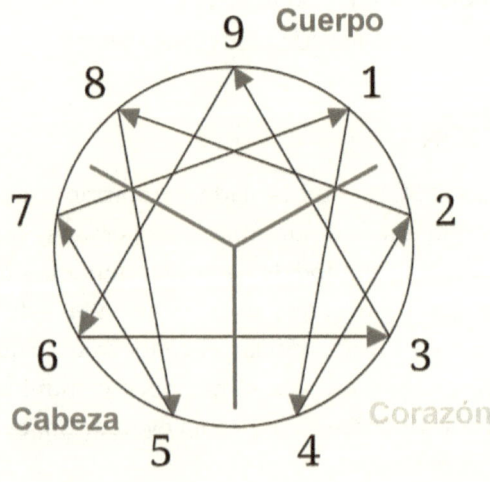

En pocas palabras, el Eneagrama* es una rueda de nueve tipos de personalidad distintos, en la que cada número representa un tipo. Aunque tenemos partes de los nueve puntos en nuestra personalidad, el Eneagrama nos clasifica en un **Tipo Dominante** que nos orienta hacia el mundo. Nuestro Tipo Dominante puede determinarse mediante un cuestionario, cuyo resultado es uno de los nueve papeles en el mundo relacionados con cada número:

**El Reformador (1):**
Con principios, decidido, autocontrolado, perfeccionista.

**El Ayudante (2):**
Generoso, demostrativo, complaciente con la gente, posesivo.

**El triunfador (3):**
Adaptable, sobresaliente, impulsivo, consciente de su imagen.

**El Individualista (4):**
Expresivo, dramático, ensimismado, temperamental.

**El Investigador (5):**
Perceptivo, innovador, reservado, aislado.

**El Leal (6):**
Comprometido, responsable, ansioso, desconfiado.

**El Entusiasta (7):**
Espontáneo, versátil, adquisitivo, disperso.

**El Desafiante (8):**
Seguro de sí mismo, decidido, voluntarioso, conflictivo.

**El Pacificador (9):**
Receptivo, tranquilizador, complaciente, resignado.

Dentro de la rueda, el Eneagrama también tiene un conjunto de **Centros** de tres en tres: **Instintivo (8-9), Sentimiento (2-4)** y **Pensamiento (5-7)** (relacionados con **el cuerpo, el corazón y la mente)**. Las personalidades de cada Centro están relacionadas con determinados conjuntos de emociones inconscientes, de toda la vida, con las que luchamos en nuestro núcleo. Para los Instintivos, estas emociones son *la Ira* y la *Rabia*; para el Centro del Sentimiento, la emoción es la *Vergüenza*; y para el Centro del Pensamiento, la emoción es *el Miedo*.

Además, nuestro Tipo Dominante también forma una o dos **Alas** (conexiones a través de la rueda) con otros números con los que nos relacionamos más estrechamente. La combinación de nuestro Tipo Dominante y las Alas crea un conjunto de pautas, estrategias, defensas y obstáculos que debemos superar a lo largo de nuestra vida. Estos patrones representan las estructuras internas arquetípicas y las luchas de las distintas personalidades, pero se complican por el **Nivel de Integración (Crecimiento) o Desintegración (Estrés)** de nuestra personalidad ante esos retos.

Estos Niveles pueden considerarse como el "camino" que recorremos alrededor del Eneagrama cuando estamos bajo presión o tensión, dependiendo de si nuestro sentido del yo se está integrando o desintegrando. En lugar de rodear el círculo a medida que cambiamos, tomamos un camino irregular, en forma de estrella, a través de los distintos puntos de la personalidad, en una dirección sana o insana. Para todos los Tipos Dominantes diferentes, sólo hay unos pocos caminos principales en una u otra dirección:

**Dirección de la integración (crecimiento):**
**1-7-5-8-2-4-1, 9-3-6-9**

**Dirección de la desintegración (tensión):**
**1-4-2-8-5-7-1, 9-6-3-9**

Para entender estos números, es importante saber que nuestro Nivel de Desarrollo puede ser **Saludable (Niveles 1-3)**, **Medio (Niveles 4-6)** o **Insalubre (Niveles 7-9)** en un momento dado. En la línea numérica de la Desintegración, por ejemplo, los números significan que un Uno medio a insano (primer número) sometido a estrés acabará adoptando los comportamientos de un Cuatro medio a insano (segundo número) y así sucesivamente, alejándose cada vez más de su naturaleza, mientras que ocurre lo contrario en la línea de la Integración (las líneas entre el 3, el 6 y el 9 representan otro patrón para las personalidades de ese conjunto).

Aunque el Eneagrama es complejo (y aún tiene detalles adicionales que descubrir), es un test exhaustivo que muestra tanto quién eres como en quién eres susceptible de convertirte.

*Para hacer tú mismo el test del Eneagrama, visita*
*enneagramtest.com*

## TEST DE TEMPERAMENTO ANIMAL

Por último, el Test de Temperamento Animal es similar al Test de Temperamento mencionado en el Capítulo 10. La evaluación nos clasifica según los "temperamentos" que se alinean con cuatro tipos de animales: **León**, **Nutria**, **Golden Retriever** y **Castor** (similares a Colérico, Sanguíneo, Flemático y Melancólico, que se mencionaron antes). Estos tipos se comportan de la siguiente manera:

**León (Colérico)**

Líderes y jefes decisivos (¡o al menos eso creen!), estas personas de la línea de fondo son observadores a los que les encanta resolver problemas. Estas personas, seguras de sí mismas y que toman las riendas, pueden ser agresivas y dominantes, lo que puede suponer un reto. No es de extrañar que muchos empresarios sean Leones.

**Puntos fuertes y débiles naturales:**
Decisivo - Toma las riendas - Impaciente - Puede ser insensible a los sentimientos de los demás - Orientado a los objetivos - Toma la iniciativa - Contundente - Asume riesgos - Impulsado por los logros - Tiene iniciativa propia - No sabe escuchar - Teme la inactividad, relajación - Obtiene resultados - Persistente - Impulsivo - Persistente - Independiente - Se aburre rápidamente con la rutina o la mecánica - Exigente - Competitivo - Puede "atropellar" a otros que son más lentos para actuar o hablar - Puede considerar que los proyectos son más importantes que las personas - Disfruta con los retos, la variedad y el cambio - Impulsado a completar los proyectos con rapidez y eficacia

**Disposición Básica:**
Ritmo rápido, orientado a las tareas.

**Motivado por:**
Resultados; desafío, acción, poder y crédito por los logros.

**Gestión del tiempo:**
Centrados en *el presente* en lugar de en un futuro lejano. Consiguen hacer mucho más en mucho menos tiempo que sus compañeros. Odian perder el tiempo y les gusta ir al grano.

**Estilo de comunicación:**
Es bueno para iniciar la comunicación, pero no para escuchar (comunicador unidireccional).

**Toma de decisiones:**
Impulsivo, toma decisiones rápidas con un objetivo o resultado final en mente. Se centra en los resultados y necesita muy pocos datos para tomar una decisión.

**En situaciones de presión o tensión:**
El León toma el mando y se vuelve autocrático.

**Mayores necesidades:**
El León necesita ver resultados, experimentar la variedad y enfrentarse a nuevos retos. Necesita resolver problemas y quiere respuestas directas.

**Deseos:**
Libertad, autoridad, variedad, tareas difíciles, oportunidad de progresar.

**Nutria (Sanguíneo)**
Las Nutrias son tipos excitables, buscadores de diversión y animadores, ¡a los que les encanta hablar! Son geniales motivando a los demás y necesitan estar en un entorno en el que puedan hablar y tener voto en las decisiones importantes. La naturaleza extrovertida de las nutrias las convierte en grandes creadoras de redes: suelen conocer a mucha gente que conoce a mucha gente. Pueden ser muy cariñosas y alentadoras, salvo bajo presión, cuando tienden a utilizar sus habilidades verbales para atacar. Tienen un fuerte deseo de caer bien y disfrutan siendo el centro de atención. Suelen estar muy atentas al estilo, la ropa y los flashes. Las nutrias son el alma de cualquier fiesta; y la mayoría de la gente disfruta mucho a su alrededor.

**Puntos fuertes y débiles naturales:**
Entusiasta - Poco realista - Optimista - Poco detallista - Buen comunicador - Desorganizado - Emotivo y apasionado - Impulsivo - Motivacional e inspirador - Escucha los sentimientos por

encima de la lógica - Extrovertido - Reactivo - Personal - Puede ser demasiado hablador - Dramático - Excitable - Divertido

**Disposición básica:** Ritmo rápido. Orientación a las personas.

**Motivado por:** El reconocimiento y la aprobación de los demás.

**Gestión del tiempo:** Centrado en el futuro, con tendencia a precipitarse hacia la siguiente cosa emocionante.

**Estilo de comunicación:** Entusiasta y estimulante, a menudo unidireccional; pero puede inspirar y motivar a los demás.

**Toma de decisiones:** Intuitiva y rápida. Toma muchas "decisiones correctas" y muchas equivocadas.

**En situaciones de presión o tensión** *¡Ataca!* Pueden estar más preocupados por su popularidad que por conseguir resultados tangibles.

**Mayores necesidades**: Actividades sociales y reconocimiento, actividades que sean divertidas y libertad de detalles.

**Deseos**: Prestigio, relaciones amistosas, oportunidad de ayudar y motivar a los demás y oportunidades de compartir verbalmente sus ideas.

### Golden Retriever (Flemático)

Estas personas pueden describirse con una palabra: *leales*. De hecho, son tan leales que pueden absorber el mayor dolor y castigo emocional en una relación y seguir comprometidas. Son grandes oyentes, increíblemente empáticos y cálidos animadores. Sin embargo, tienden a ser tan complacientes que pueden tener grandes dificultades para ser asertivos cuando es necesario en determinadas situaciones o relaciones.

**Puntos fuertes y débiles naturales:**
Paciente - Indeciso - Fácil de llevar - Demasiado complaciente - Puede sacrificar los resultados por la armonía - Trabajador en equipo - Estable - Lento para iniciar - Empático - Evita la confrontación incluso cuando es necesaria - Compasivo - Puede guardar rencor y recordar las heridas - Sensible a los sentimientos de los demás - Pone a las personas por encima de los proyectos - Muy leal - Teme el cambio - Seguro - Fiable - Solidario - Complaciente

**Disposición Básica:**
Ritmo lento, orientado a las personas.

**Motivado por:**
Deseo de buenas relaciones y aprecio de los demás.

**Gestión del tiempo:**
Se centra en el presente y dedica mucho tiempo a ayudar a los demás y a establecer relaciones.

**Estilo de comunicación:**
Comunicador bidireccional; sabe escuchar y ofrece una respuesta empática.

**Toma de decisiones:**
Toma decisiones más lentamente, desea la opinión de los demás y a menudo cede a la opinión.

**En situaciones de presión o tensión:**
Cede a las opiniones, ideas y deseos de los demás. A menudo demasiado tolerante.

**Mayores necesidades:**
Seguridad; cambio gradual y tiempo para adaptarse a él; un entorno libre de conflictos.

**Deseos:**

Relaciones de calidad; seguridad; un entorno conocido y coherente; un ambiente relajado y agradable; libertad para trabajar a tu propio ritmo.

### Castor (Melancolía)

Los castores tienen una fuerte necesidad de hacer las cosas bien y según las normas. De hecho, son el tipo de personas que leen manuales de instrucciones. Son excelentes en el control de calidad en una oficina, y lo serán en cualquier situación o campo que exija precisión, como la contabilidad, la ingeniería, etc. Como las normas, la coherencia y los estándares elevados son tan importantes para los castores, a menudo se sienten frustrados con otros que no comparten estas mismas características. Su fuerte necesidad de mantener normas estrictas (y a menudo poco realistas) puede cortocircuitar su capacidad para expresar calidez en una relación.

**Puntos fuertes y débiles naturales:**

Preciso - Demasiado duro consigo mismo - Analítico - Demasiado crítico con los demás - Detallista - Perfeccionista - Minucioso - Demasiado precavido - Laborioso - Ordenado - No toma decisiones sin "todos" los datos - Demasiado quisquilloso - Demasiado sensible - Metódico y exhaustivo - Alto nivel de exigencia - Intuitivo - Controlado

**Disposición Básica:**

Ritmo lento, orientado a las tareas.

**Motivado por:**

El deseo de tener razón y de mantener un nivel de calidad.

**Gestión del tiempo:**

Tienden a trabajar lentamente para asegurarse de que son precisos.

**Estilo de comunicación:**
Buenos oyentes que comunican detalles y suelen ser diplomáticos.

**Toma de decisiones:**
Evita tomar decisiones; necesita mucha información antes de tomar una decisión.

**En situaciones de presión o tensión:**
Intenta evitar la presión o las situaciones tensas. Pueden ignorar los plazos.

**Mayores necesidades:**
Seguridad, cambio gradual y tiempo para adaptarse a él.

**Deseos:**
Tareas claramente definidas, estabilidad, seguridad, bajo riesgo y tareas que requieren precisión y planificación.
En conjunto, este test da un giro divertido a un viejo clásico con sus personalidades animales, una característica que lo hace más atractivo y fácil de interpretar.

*Para realizar la evaluación del Temperamento Animal, visita focusonthefamily.com/marriage/4-animals-personality-test*

\* Crédito de la foto: Eugenio Hansen, OFS, CC A-SA 4.0. https://commons.wikimedia.org/wiki/File:Diagramo_de_Ikigajo_-en.svg.
   \* Crédito de la foto: Philip L. White, CC A-SA 3.0. https://commons.wikimedia.org/wiki/File:PLW-930am.png.
   \* Crédito de la foto: DomenicoL76. CC0 1.0. https://commons.wikimedia.org/wiki/File:Enneagram_Type.svg.

# CAPÍTULO 16
# CREAR UNA DECLARACIÓN DE PROPÓSITO

Si entras en la sala de descanso de casi cualquier empresa, puede que veas un cartel con las palabras "Declaración de misión". Una declaración de misión es un breve fragmento que explica por qué la empresa hace lo que hace. Rara vez he visto que una empresa utilice las palabras "Declaración de Propósito".

Hace poco me di cuenta de la importancia de las declaraciones de propósito. La cuestión del propósito aborda el "por qué" de lo que hacemos. Es el corazón de lo que más nos apasiona. Me comprendí mejor a mí mismo cuando conocí mis dones, talentos, personalidad, dones espirituales, temperamentos, pasiones y lenguaje amoroso. De ahí surgió mi propósito, que convertí en una declaración de propósitos que recito a diario. Es mi GPS para guiarme en lo que hago y en cómo debo actuar. Ésta es mi declaración de propósitos:

*Amaré al Señor, mi Dios, con todo mi corazón, alma, mente y cuerpo, y amaré a los demás como a mí mismo. Esto se reflejará en mis pensamientos, palabras y acciones de cada día.*

El amor es lo que me impulsa. Si Dios es amor y cada parte de mí le ama a Él, a mí misma y a los demás, entonces estoy viviendo mi propósito. Mi declaración de propósitos fue un trabajo en curso mientras intentaba comprender cuál era mi propósito. Una vez que lo hice, necesitaba una declaración que describiera cómo debía vivirlo cada día. Me di cuenta de que, tras muchos años de "vagar por el desierto", buscando impotente lo que debía hacer con mi vida, tenía la obligación de vivirla plenamente.

Elegí hablar sobre amar a Dios porque el amor impulsa todo lo que hago. Para vivir mi propósito, necesitaba comprender mejor cómo amar. Primero tuve que ir a la verdadera fuente del amor: Dios, nuestro Creador. Tenía que aprender a amarle. Él me enseñaría a amarme a mí mismo y a los demás. Cuando los deseos de mi corazón se satisfagan a través de Él, no buscaré satisfacer esas necesidades de formas malsanas y destructivas. Mi amor por Él debía reflejarse no sólo en mi corazón, sino en mi alma, mente y cuerpo: en todo lo que soy. La segunda parte de mi declaración de propósitos trata de cómo se refleja ese amor. Lo que mejor lo ilustra es I Corintios 13:

*"Si yo hablase lenguas humanas y angélicas, y no tengo amor, vengo a ser como metal que resuena, o címbalo que retiñe. Y si tuviese profecía, y entendiese todos los misterios y toda ciencia, y si tuviese toda la fe, de tal manera que trasladase los montes, y no tengo amor, nada soy. Y si repartiese todos mis bienes para dar de comer a los pobres, y si entregase mi cuerpo para ser quemado, y no tengo amor, de nada me sirve. El amor es sufrido, es benigno; el amor no tiene envidia, el amor no es jactancioso, no se envanece; no hace nada indebido, no busca lo suyo, no se irrita, no guarda rencor; no se goza de la injusticia, mas se goza de la verdad. Todo lo sufre, todo lo cree, todo lo espera, todo lo soporta. El amor nunca deja de ser; pero las profecías se acabarán, y cesarán las lenguas, y la ciencia acabará. Porque en parte conocemos, y en parte profetizamos; mas cuando venga lo perfecto, entonces lo que es en parte se acabará. Cuando yo era niño, hablaba como niño, pensaba como niño, juzgaba como*

*niño; mas cuando ya fui hombre, dejé lo que era de niño. Ahora vemos por espejo, oscuramente; mas entonces veremos cara a cara. Ahora conozco en parte; pero entonces conoceré como fui conocido. Y ahora permanecen la fe, la esperanza y el amor, estos tres; pero el mayor de ellos es el amor".*
    -Reina Valera 1960, I Corintios 13

Reconocí que mi propósito en esta vida es amar, no sólo de palabra, sino de obra. Ese amor se origina primero en mi corazón, y se refuerza en mi amor por los demás, ilustrado con mis palabras y acciones. Como dice la vieja canción de los Beatles, "todo lo que necesitas es amor". Hay algo de verdad en ello.

*"Y ante todo, tened entre vosotros ferviente amor; porque el amor cubrirá multitud de pecados".*
    -Reina Valera 1960, 1 Pedro 4:8

Cuando te sientes a desarrollar tu declaración de propósitos, reconoce que no hay prisa. Te recomiendo que dediques a esta tarea toda la reflexión y la oración que sean necesarias. Recuerda que será tu GPS, por lo que debes asegurarte de que refleja fielmente tu corazón.

El propósito es el "corazón" de lo que eres: es lo que te impulsa y te motiva. Para descubrir la joya enterrada en tu interior, debes cavar un poco. Debes hacerte muchas preguntas, no sólo a ti mismo, sino también a quienes te conocen, que tienen en cuenta tus intereses. Evita a las personas negativas y desalentadoras -incluso amigos y familiares- porque puede que no quieran lo mejor para ti. El ejercicio de la pasión y la evaluación de los puntos fuertes te serán muy útiles para elaborar tu declaración de propósitos.

Tu propósito consistirá principalmente en aquello que se te dé bien y te apasione. Por ejemplo, los dones de Martin Luther King Jr. eran su pasión por los derechos civiles y su capacidad para inspirar a la gente a través de sus discursos. Utilizó sus dones -su pasión- para vivir su propósito. Intenta reducirlo a una o dos frases y memorízalo. Cuando se te ocurra algo que te parezca correcto, se abrirán las puertas de las oportunidades. Descubrirás que haces menos de lo que no quieres y más de lo que sí quieres hacer. Verás cómo utilizar mejor tu tiempo y tu energía para servir a los demás.

# CAPÍTULO 17
## CREAR UNA DECLARACIÓN DE VISIÓN

El siguiente paso, después de desarrollar tu declaración de propósitos, es desarrollar una declaración de visión. Es importante hacerlo en este orden porque, para saber adónde vas, primero debes saber *por qué* vas. Alicia se enfrentó a este reto en *Las aventuras de Alicia en el país de las maravillas*, de Lewis Carroll:

*Alicia preguntó al Gato de Cheshire, que estaba sentado en un árbol:*
*"¿Qué camino tomo?".*
*El gato preguntó: "¿Adónde quieres ir?".*
*"No lo sé", respondió Alicia.*
*Entonces", dijo el gato, "realmente no importa, ¿verdad?".*

Muchas personas tienen un destino, pero no saben por qué van allí. Cuando digo que voy a la tienda, el motivo es que necesito comida. Si digo que voy a la gasolinera, normalmente significa que necesito comprar gasolina. La mayoría de nosotros tenemos un motivo para dirigirnos a un destino. Puede ser algo genérico, como cuando hace dos veranos me subí al automóvil con mis hijos y dije: "¡Nos dirigimos al oeste, a California!". Por supuesto, me preguntaron por qué, y les dije: "¡Porque queremos!". Era algo que siempre habíamos querido hacer, y nos lo pasamos de maravilla.

Cuando decides adónde quieres ir y por qué quieres ir, introduces las coordenadas en tu GPS, que encuentra la mejor ruta que puedes tomar. El destino final es la visión. La razón por la que quieres ir es el propósito.

La declaración de propósito es el "corazón" de por qué quieres hacerlo; la declaración de visión son los "ojos" que ven el camino trazado ante ti, y la declaración de misión son las "piernas" que utilizas para llegar realmente hasta allí.

Una vez más, he aquí mi declaración de propósitos:

*Amaré al Señor, mi Dios, con todo mi corazón, alma, mente y cuerpo, y amaré a los demás como a mí mismo. Esto se reflejará en mis pensamientos, palabras y acciones cada día.*

Este era mi "por qué". Luego tuve que averiguar cómo iba a llegar hasta allí y cuál era mi destino. El amor me impulsa, y ayudar a los demás es lo que hago. Me fijé en lo que me inspiraba cuando ayudaba a los demás. Empezó hace años, cuando Dios puso este curso en mi corazón. Las experiencias y lecciones de la vida han ampliado este curso hasta donde está hoy. Todo empezó cuando decidí ayudar a la gente a comprender su propósito en la vida y cómo fueron creados de forma única por Dios. Cuando vi que la gente abría los ojos, empecé a ver cuál era mi visión:

*Ver a la gente viviendo su propósito en la vida y amándose y sirviéndose unos a otros con sus dones y talentos.*

Mi visión estaba directamente relacionada con mi propósito: utilizar mis dones y talentos para ayudar a los demás a descubrir sus dones y talentos y, en última instancia, su propio propósito. Cuando utilizamos nuestros dones y talentos en consonancia con nuestro propósito, llegaremos a nuestro destino: una vida de la que nos sintamos orgullosos y en la que bendigamos a muchos con nuestras acciones. Al hacerlo, vivimos vidas completas que dejarán un legado verdadero y duradero.

El proceso para desarrollar tu propia declaración de visión no es muy diferente del proceso para desarrollar tu declaración de propósitos. Es un poco más fácil, ya que ahora tienes tu declaración de propósitos, que es tu "por qué". Utilízala como punto de partida para averiguar adónde quieres ir.

Por ejemplo, si la pasión y el propósito de una persona es ayudar a educar a los niños en la lectura, su declaración de visión podría ser algo así:

*Mi visión es proporcionar a los niños una mayor oportunidad de leer. Lo haré trabajando como voluntario en las escuelas locales y animando a los niños a buscar un aprendizaje avanzado en la universidad. Les animaré a seguir soñando y creyendo que todo es posible.*

Es importante que las declaraciones de visión proporcionen la dirección de cómo vas a alcanzar tu objetivo final. No tiene por qué ser detallada. Tu objetivo final no tiene por qué ser específico, pero debe apuntarte en la dirección correcta.

Tu propósito es la pasión y el combustible. Tu visión es lo que crees que lograrás con tu propósito. Los objetivos, pasos y tareas descomponen la visión en pasos manejables.

# CAPÍTULO 18
# CREAR UNA DECLARACIÓN DE MISIÓN

Como he dicho antes, una declaración de objetivos es lo que se suele ver expuesto en la sala de descanso de una empresa. Es importante tener tu declaración de propósitos porque ése es tu "por qué". Es igualmente importante tener tu declaración de visión porque eso es "hacia dónde" vas. Es importante tener tu declaración de misión porque te dice "cómo" vas a llegar allí. También deberías memorizarla y recitarla a diario. A partir de la declaración de misión puedes desarrollar objetivos y planes estratégicos sobre cómo vas a lograr esos objetivos, desglosándolos en pasos y tareas. Ésta es mi declaración de objetivos:

*Serviré diariamente a los demás con mis dones, pasiones y talentos para acercarlos a Cristo, de modo que Él pueda revelar Su propósito y voluntad para sus vidas. Lo haré siendo animador, maestro y mentor.*

Cuando observé cuáles eran mis dones y talentos, y reconocí mi amor y pasión por enseñar, animar y orientar a los demás, quedó claro lo que mi declaración de misión iba a decir, o lo que es más importante, *hacer*. Nada de esto sería posible sin mi relación con Dios. Sólo lo que Él me ha enseñado me ha inspirado a compartir lo que he aprendido. Yo puedo instruir, enseñar, animar y orientar; sin embargo, creo que sólo Dios puede revelar. Uno de mis versículos favoritos lo ilustra:

> *"...para que el Dios de nuestro Señor Jesucristo, el Padre de gloria, os dé espíritu de sabiduría y de revelación en el conocimiento de él, alumbrando los ojos de vuestro entendimiento, para que sepáis cuál es la esperanza a que él os ha llamado, y cuáles las riquezas de la gloria de su herencia en los santos,y cuál la supereminente grandeza de su poder para con nosotros los que creemos, según la operación del poder de su fuerza..."*
> -Reina Valera 1960, Efesios 1:17-19

Dios desea revelar Su propósito para nosotros. Si no lo hace, ¿por qué nos crearía entonces? Utiliza tus declaraciones de propósito y visión como guías para ayudarte a desarrollar tu propia declaración de misión. Detalla en la declaración algunos aspectos concretos de lo que quieres conseguir. Recuerda que son las "patas" de cómo vas a llegar hasta allí. Basándonos en el ejemplo anterior sobre cómo ayudar a los niños a aprender a leer, su declaración de misión podría ser algo así:

*Me comprometeré a leer con un grupo de niños de mi escuela primaria local una hora a la semana, y les animaré a que lean a lo largo de la semana y compartan conmigo lo que han leído.*

Las declaraciones de propósito, visión y misión preparan el terreno. A continuación, debes establecer objetivos anuales, trimestrales, mensuales y semanales que se centren en tu propósito. Cada día, debes revisar estos objetivos y establecer tareas para el día que te ayuden a cumplirlos. Revisa tus objetivos a menudo. También te animo a que compartas tus propósitos con un buen amigo que pueda hacerte responsable.

# CAPÍTULO 19
# PONERLO TODO JUNTO

A medida que nos acercamos al final de nuestro viaje, es hora de colocar todas las piezas del rompecabezas y ver qué aspecto tiene la imagen. A medida que te has aventurado en este libro y has completado todas las evaluaciones, cuestionarios y pruebas para ver qué es lo que te hace único, puede que hayas descubierto que ya estás viviendo tu propósito. Te animo a que sigas haciendo lo que te gusta. Puede que algunos se den cuenta de que lo que están haciendo no se acerca ni de lejos a su propósito. Te animo a que busques lo que te apasiona y se alinea con tus puntos fuertes, dones, talentos, temperamento y personalidad.

Puede que no sepas cómo será el resto de tu vida, pero estarás en el camino correcto para crear la vida que siempre has soñado. Ken Robinson PhD, en su libro *El Elemento: Cómo encontrar tu pasión lo cambia todo*, escribió: "El elemento es el lugar donde se unen las cosas que nos gusta hacer y las cosas para las que somos buenos".

## PUNTOS FUERTES

He utilizado la Evaluación de Fortalezas de Clifton para conocer mejor mis puntos fuertes. Otras opciones son Strong Interest

Inventory® (Inventario de Intereses Fuertes) o High5 Strengths Test Methodology and Approach (Metodología y Enfoque del Test de Fortalezas High5). Cuando aprendes en qué eres bueno, puedes convertirte en un experto en tu área de interés o carrera. Los Beatles eran muy buenos músicos y combinaban su talento con su pasión por actuar. Tuvieron un gran éxito. No todo el mundo puede ser Los Beatles, pero los pasos que dieron no son distintos de los que debemos dar el resto de nosotros. Si aprendemos en qué somos buenos -música, arte, matemáticas, ciencias, hablar en público o conectar con la gente- podemos perfeccionar esa fuerza y concentrarla en algo que nos guste.

## REGALOS

Las capacidades que se nos dan al nacer se desarrollan a medida que crecemos. Podemos utilizar estas habilidades para bendecir y servir a los demás. Nos diferencian de los demás y nos ayudan a cumplir nuestro propósito. Alguien puede tener el don de la compasión o del ánimo. Alguien puede tener un don para el trabajo mecánico o la resolución de problemas. Utilizar nuestros dones es vital para cumplir nuestro propósito.

## TALENTOS

Pueden ser la música, el lenguaje u otras cosas que se nos dan bien en general. Pueden estar relacionados con los dones, pero no necesariamente, ya que los talentos pueden aprenderse y desarrollarse. Cuando utilizamos nuestros talentos y además los mejoramos, podemos servir mejor a los demás.

## DONES ESPIRITUALES

Descubrir nuestros dones espirituales nos permite acceder al aspecto anímico de nuestro propósito en relación con el servicio.

Nos permite comprender la singularidad espiritual de cada persona. Cada uno de nosotros puede tener múltiples dones espirituales, pero normalmente se complementan entre sí.

## PASIONES

Son los aspectos de nuestra vida que "encienden nuestro fuego", como trabajar con niños, o crear arte o música. Son cosas que nos atraen; no podemos vivir sin ellas. Nuestras pasiones nos alimentan y nos dan energía. Son los "porqués" importantes de nuestra vida.

## LENGUAJE DEL AMOR

Nuestro lenguaje del amor representa cómo preferimos dar y recibir amor. No se trata necesariamente del amor romántico, sino de todas las expresiones de amor hacia los demás. Esto es importante en cualquier relación, sobre todo en lo que se refiere a las expectativas. A menudo nos frustramos en las relaciones porque ofrecemos expresiones de amor que satisfacen nuestras necesidades, y cuando los demás no responden como esperábamos, nos sentimos decepcionados. Por ejemplo, mis dos lenguajes del amor, por orden, son el contacto físico y el tiempo de calidad. Si utilizo el tacto para intentar satisfacer las necesidades de alguien, pero su lenguaje del amor son los actos de servicio, mi esfuerzo no tendría un efecto tan fuerte. Es importante conocer nuestro lenguaje del amor e, igualmente importante, conocer los lenguajes del amor de las personas que nos importan para poder relacionarnos mejor con ellas.

## TEMPERAMENTO

Existen cuatro tipos de temperamento: sanguíneo (Nutria), flemático (Golden Retriever), colérico (León) y melancólico (Castor). Cada uno de nosotros puede poseer diversos temperamentos. El temperamento puede estar alineado con el trabajo de la vida; los líderes suelen ser muy coléricos; los consejeros o los que trabajan en el ámbito de los servicios suelen ser flemáticos; los contables, los ingenieros y las personas orientadas a los detalles suelen ser melancólicos; los políticos y los vendedores son sanguíneos. Existe cierta correlación directa con el Indicador de Tipo Myers-Briggs® en lo que se refiere a la introversión y la extroversión. Normalmente, los sanguíneos y los coléricos son extrovertidos y los flemáticos y melancólicos son introvertidos. Por ejemplo, yo soy flemático, mi segundo es colérico y mi tercero es sanguíneo. Puedo parecer extrovertido, pero obtengo mi energía pasando tiempo conmigo mismo.

## TIPO DE PERSONALIDAD

Según el Indicador de Tipo Myers-Briggs® , los tipos de personalidad son variaciones de lo siguiente: cómo nos centramos (extrovertido frente a introvertido), cómo tomamos decisiones (pensadores frente a sentimentales), cómo asimilamos la información (sensitivos frente a intuitivos) y cómo elegimos vivir nuestra vida exterior (jueces frente a perceptores). Conocer nuestro tipo puede ayudarnos a comprender mejor quiénes somos, cómo nos relacionamos y cómo pensamos y procesamos. Citando a Sócrates, "Conocerse a sí mismo es el principio de la sabiduría".

## ESTILO DE PERSONALIDAD

Nuestra personalidad es el patrón distintivo de nuestro funcionamiento psicológico: la combinación de cómo pensamos, sentimos y nos comportamos que nos hace ser quienes somos. El Nuevo Autorretrato de Personalidad 25 delinea 14 estilos de personalidad que, en la combinación única de cada persona, conforman la manera en que nos esforzamos por llevar una vida productiva y satisfactoria, adaptarnos al cambio y resolver problemas. Esto es importante porque nos da una idea de por qué reaccionamos como lo hacemos. También nos da una idea de cómo algunos de nuestros estilos de personalidad pueden llevarnos hacia tendencias negativas.

# CAPÍTULO 20
# AHORA QUE YA LO SABES, ¿QUÉ HARÁS?

Es de esperar que, cuando termines de leer este libro, vuelvas atrás y releas ciertas secciones y empieces a aplicar lo que has aprendido. Si mantienes tu propósito como foco principal, verás una oportunidad tras otra que te confirmarán que estás en el camino correcto. En el poema "El camino no elegido" de Robert Frost, éste escribe:

> "Dos caminos se bifurcaban en un bosque y yo,
> Yo tomé el menos transitado,
> Y eso hizo toda la diferencia".

A menudo es más fácil seguir el camino que siguen los demás, pero eso no te llevará necesariamente adonde tú quieres ir. El camino menos transitado puede parecer incierto, pero los retos están ahí para hacerte más fuerte, para hacerte merecedor de aquello para lo que fuiste creado. Me viene a la mente otra cita, ésta de Steven Covey: "*Aprender y no hacer es realmente no aprender. Saber y no hacer es realmente no saber*".

El mayor regalo que Dios nos dio fue el poder de elección. Dijo que, si Le buscamos, Le encontraremos. Su mayor deseo es que Le busquemos. Quiere revelarse a Sus hijos para bendecirnos. Tiene un plan especial para utilizarnos a cada uno de nosotros, y por eso nos ha dotado de fortalezas únicas. Una vez que sepas cuáles son, debes utilizarlas al servicio de los demás.

*"Porque el Hijo del Hombre no vino para ser servido, sino para servir, y para dar su vida en rescate por muchos".*
-Reina Valera 1960, Marcos 10:45

Jesús vivió esto cuando lavó los pies a sus discípulos:

*"Sabiendo Jesús que el Padre le había dado todas las cosas en las manos, y que había salido de Dios, y a Dios iba, se levantó de la cena, y se quitó su manto, y tomando una toalla, se la ciñó.*

*Luego puso agua en un lebrillo, y comenzó a lavar los pies de los discípulos, y a enjugarlos con la toalla con que estaba ceñido.*

*Entonces vino a Simón Pedro; y Pedro le dijo: Señor, ¿tú me lavas los pies? Respondió Jesús y le dijo: Lo que yo hago, tú no lo comprendes ahora; mas lo entenderás después.*

*Pedro le dijo: No me lavarás los pies jamás. Jesús le respondió: Si no te lavare, no tendrás parte conmigo.*

*Le dijo Simón Pedro: Señor, no sólo mis pies, sino también las manos y la cabeza. Jesús le dijo: El que está lavado, no necesita sino lavarse los pies, pues está todo limpio; y vosotros limpios estáis, aunque no todos.*

*Porque sabía quién le iba a entregar; por eso dijo: No estáis limpios todos. Así que, después que les hubo lavado los pies, tomó su manto, volvió a la mesa, y les dijo: ¿Sabéis lo que os he hecho?*

*Vosotros me llamáis Maestro, y Señor; y decís bien, porque lo soy. Pues si yo, el Señor y el Maestro, he lavado vuestros pies, vosotros también debéis lavaros los pies los unos a los otros.*

*Porque ejemplo os he dado, para que como yo os he hecho, vosotros también hagáis. De cierto, de cierto os digo: El siervo no es mayor que su señor, ni el enviado es mayor que el que le*

*envió. Si sabéis estas cosas, bienaventurados seréis si las hiciereis".*
-Reina Valera 1960, Juan 13:3-17

La gran recompensa de encontrar tu propósito no está sólo en el descubrimiento, sino en la capacidad de bendecir a los demás. Todo ha sido creado con un propósito, y ese propósito sólo puede revelarse adecuadamente para su uso en el servicio.

# CAPÍTULO 21
# DEJAR UN LEGADO

Hay muchas formas de ser recordado. Los obituarios sólo funcionan si la gente realmente los lee. Podemos pasear por un cementerio y obtener visiones aún más breves de la vida de las personas, pero normalmente sólo nos enteramos de cuándo nacieron y cuándo murieron.

Entonces, ¿cómo dejamos nuestra huella? Nuestro legado es cómo amamos a los demás, les servimos y les bendecimos. La marca más verdadera de nuestras vidas es cómo nos recuerdan los demás y cómo comparten esos recuerdos. Una vida de éxito es aquella que perdura en los demás. El legado representa la culminación del trabajo y la vocación de nuestra vida: la inversión que hicimos en las personas y en las cosas en las que creíamos. Cuando servimos a los demás, nuestro legado perdurará a través de ellos.

Es estupendo que un edificio lleve tu nombre para conmemorar tu vida, pero un tributo más indeleble es que tu carácter perdure a través de los demás. Dejar un legado no empieza el día que te enteras de que te queda un año de vida. Empieza cuando vives tu vida para amar y servir a los demás. Eso empieza hoy. Cuanto antes lo descubramos, mejor.

David Brainerd fue un misionero estadounidense entre los

nativos americanos en el siglo XVIII. Sólo vivió hasta los 28 años, cuando murió repentinamente. Se le recuerda mucho por su sacrificio y servicio. Impactó a generaciones con su servicio. Su legado será siempre su sacrificio y servicio a los demás.

El legado no es lo que obtenemos, es lo que damos. Las elecciones diarias que hagamos definirán nuestro carácter y establecerán nuestro legado. La historia habla favorable y desfavorablemente de muchos legados. Por muy poderoso que fuera, Hitler siempre será visto de forma negativa. Su legado negativo es el resultado de su carácter de dictador y tirano. Lincoln siempre será recordado favorablemente por su valor bajo el fuego para liberar a los esclavos. Edison será recordado por superar todas las adversidades para llevar la luz a un mundo oscuro. Henry Ford será recordado por llevar los automóviles al hombre común.

Una vez que nos hayamos ido, no podremos cambiar cómo nos verá la gente. Así pues, sé siempre fiel a ti mismo y procura amar y servir a los que te rodean. Y lo que es más importante, elige utilizar tu propósito, tus talentos y tus dones para bendecir a los demás.

Sé proactivo y escribe tu epitafio antes de que llegue el día de tu partida. ¿No preferirías tener voz y voto en lo que se escribe sobre ti, ya que es de tu vida de lo que están hablando? Al escribir lo que piensas, te marcas una norma digna del legado que dejarás. No sabemos ni la hora ni el día de nuestra desaparición, así que debemos mantenernos ocupados viviendo la vida y preparándonos para el más allá.

# CONCLUSIÓN

Gracias por caminar conmigo en este viaje. La antigua filosofía china, el *Tao Te Ching*, nos recuerda que un viaje de mil millas comienza con un solo paso. Tú has dado el paso más importante. Me has bendecido al tomar este libro. También me has bendecido al terminarlo. En cierto sentido, este libro ha sido el cumplimiento de mi propio propósito: enseñar a los demás a encontrar su propósito.

Mi esperanza es que ahora tengas una idea más clara de para qué fuiste creado. El reto ahora es salir y hacerlo. El conocimiento sin acción no es mejor que no tener ningún conocimiento. Nuestro crecimiento en la vida sólo se produce cuando aplicamos lo que hemos aprendido. Hacemos correcciones por el camino hasta que llegamos a nuestro destino. Concluyo con estos dos pasajes de las Escrituras. El primero es la parábola de los talentos:

> *"Porque el reino de los cielos es como un hombre que yéndose lejos, llamó a sus siervos y les entregó sus bienes. A uno dio cinco talentos, y a otro dos, y a otro uno, a cada uno conforme a su capacidad; y luego se fue lejos.*
>
> *[16]Y el que había recibido cinco talentos fue y negoció con*

*ellos, y ganó otros cinco talentos. Asimismo el que había recibido dos, ganó también otros dos. Pero el que había recibido uno fue y cavó en la tierra, y escondió el dinero de su señor.*

*Después de mucho tiempo vino el señor de aquellos siervos, y arregló cuentas con ellos. Y llegando el que había recibido cinco talentos, trajo otros cinco talentos, diciendo: Señor, cinco talentos me entregaste; aquí tienes, he ganado otros cinco talentos sobre ellos.*

*Y su señor le dijo: Bien, buen siervo y fiel; sobre poco has sido fiel, sobre mucho te pondré; entra en el gozo de tu señor. Llegando también el que había recibido dos talentos, dijo: Señor, dos talentos me entregaste; aquí tienes, he ganado otros dos talentos sobre ellos.*

*Su señor le dijo: Bien, buen siervo y fiel; sobre poco has sido fiel, sobre mucho te pondré; entra en el gozo de tu señor. Pero llegando también el que había recibido un talento, dijo: Señor, te conocía que eres hombre duro, que siegas donde no sembraste y recoges donde no esparciste; por lo cual tuve miedo, y fui y escondí tu talento en la tierra; aquí tienes lo que es tuyo.*

*Respondiendo su señor, le dijo: Siervo malo y negligente, sabías que siego donde no sembré, y que recojo donde no esparcí. Por tanto, debías haber dado mi dinero a los banqueros, y al venir yo, hubiera recibido lo que es mío con los intereses.*

*Quitadle, pues, el talento, y dadlo al que tiene diez talentos. Porque al que tiene, le será dado, y tendrá más; y al que no tiene, aun lo que tiene le será quitado".*

-Reina Valera 1960, Mateo 25:14-29

A todos se nos dan talentos y dones, y la expectativa es que los utilicemos para que puedan multiplicarse. Si no lo hacemos, nos serán arrebatados. Tenemos la oportunidad de reconocer todo lo que Dios nos ha dado y utilizarlo como una bendición para los demás y, por defecto, para nosotros mismos.

El segundo pasaje que me gustaría compartir es el del apóstol Pablo hablando casi al final de su vida sobre su vocación.

Muchos de nosotros somos como Pablo. Era un hombre muy erudito que se dedicaba a vivir lo que creía que era su propósito: perseguir a los nuevos conversos al cristianismo. A veces Dios interviene de forma milagrosa y redirige nuestros caminos. Lo hizo con Pablo en el camino de Damasco, y Pablo se convirtió milagrosamente. Su nuevo propósito revolucionó la historia de la Iglesia cristiana. Esta fue la declaración final de su vida:

*"Porque yo ya estoy para ser sacrificado, y el tiempo de mi partida está cercano. He peleado la buena batalla, he acabado la carrera, he guardado la fe. Por lo demás, me está guardada la corona de justicia, la cual me dará el Señor, juez justo, en aquel día; y no sólo a mí, sino también a todos los que aman su Venida".*
     -Reina Valera 1960, 2 Timoteo 4:6-8

Pablo conocía su propósito, y aunque sacrificó mucho, todo fue por su propio bien. Sabía para qué había sido llamado y fue obediente a esa llamada. Sabía que sería recompensado no sólo en su vida en la Tierra, sino en la otra vida. Tenemos una vida que vivir, y debemos vivirla con pasión y celo. Una vida que se vive para amar y servir a los demás es una vida que deja huella. Así es como serás recordado.

# AGRADECIMIENTOS

Debo dar todo el honor y la alabanza a mi Señor y Salvador, Jesucristo, porque sin él no habría podido escribir este libro, y mucho menos estar viva hoy. También me gustaría reconocer la mayor alegría y el mayor amor de mi vida: mis hijos, Reece, Elliot, Lane y Jordan. Si no fuera por ellos, no sería el padre que soy hoy, lo cual es mi mayor honor.

Muchas personas han entrado en mi vida para inspirarme y modelar para mí lo que es el amor. Quiero reconocer a mi madre, que luchó por criarnos a los seis como madre soltera y demostró valentía cada día; a mis hermanos y hermanas, que nunca se rindieron conmigo; a mi prometida Amy, que estuvo a mi lado y me ayudó a ser el hombre que soy hoy; a mi mejor amiga Pat, que sentó las bases para que me convirtiera en autora; y a mi primera entrenadora para el éxito, Paula, que me ayudó a creer que todo es posible.

Hay muchas personas que han sido mis mentores y me han proporcionado las herramientas para tener éxito, como Jack Canfield, Tony Robbins, Loren Lahov, Adrienne Duffy, Justin Breen, Mark Fujiwara y Nick Nanton. Cada uno de ellos ha desempeñado un papel vital en mi desarrollo y crecimiento como persona y como servidor.

# LECTURAS Y RECURSOS ADICIONALES

Mientras escribía este libro, me remití a muchos otros en busca de orientación y muchas de las ideas de los conceptos que encontré me informaron en el proceso. Algunas de las ideas de los libros que se citan a continuación también aparecieron en el texto de una forma u otra. Como complemento a este libro, los libros más importantes e influyentes que encontré se enumeran a continuación como lectura adicional.

———

Bolles, Richard N. *What Color Is Your Parachute? 2020: A Practical Manual for Job-Hunters and Career-Changers*. California: Ten Speed Press, 2019.

Holland, John, PhD. *Making Vocational Choices: A Theory of Vocational personalities and Work Environments*. Florida: Psychological Assessment Resources, 1997.

Kise, Jane A. G., David Stark, and Sandra Krebs Hirsh. LifeKeys: *Discover Who You Are*. Minnesota: Bethany House Publishing, 2005.

Rees, Erik. S.H.A.P.E.: *Finding and Fulfilling Your Unique Purpose for Life*. Michigan: Zondervan, 2006.

Robinson, Ken, PhD. *The Element: How Finding Your Passion Changes Everything*. New York: Penguin Books, 2008.

Robinson, Ken, PhD. *Finding your Element: How to Discover Your Talents and Passions and Transform Your Life*. New York: Penguin Books, 2013.

Tamashiro, Tim. *How to IKIGAI: Lessons for finding happiness and living your life's purpose*. Mango publishing group 2019.

# SOBRE EL AUTOR

Paul Peters es un autor de bestsellers, profesor de motivación y empresario visionario. Es propietario y fundador de Covenant Case Management Services, uno de los principales proveedores de cuidados de Carolina del Norte para personas con discapacidad intelectual y para quienes luchan contra problemas de salud mental y abuso de sustancias. Peters es también fundador del Proyecto Nehemías y de la Fundación Internacional, organizaciones religiosas sin ánimo de lucro que atienden a niños en situación de riesgo, ancianos y veteranos de Carolina del Norte y América Central que luchan contra problemas como la violencia doméstica, la adicción, la falta de vivienda y las discapacidades. También presenta un programa de televisión llamado *On Purpose*

*with Paul* (A Propósito con Paul). Paul Peters y su familia viven en Frisco, Texas.